**지식콘텐츠 제작을 위한
핵심 정보 추출과 효율적 정리기술**

지식콘텐츠 · 독수리처럼 낚아채라!

독수리오형제 지음

목차

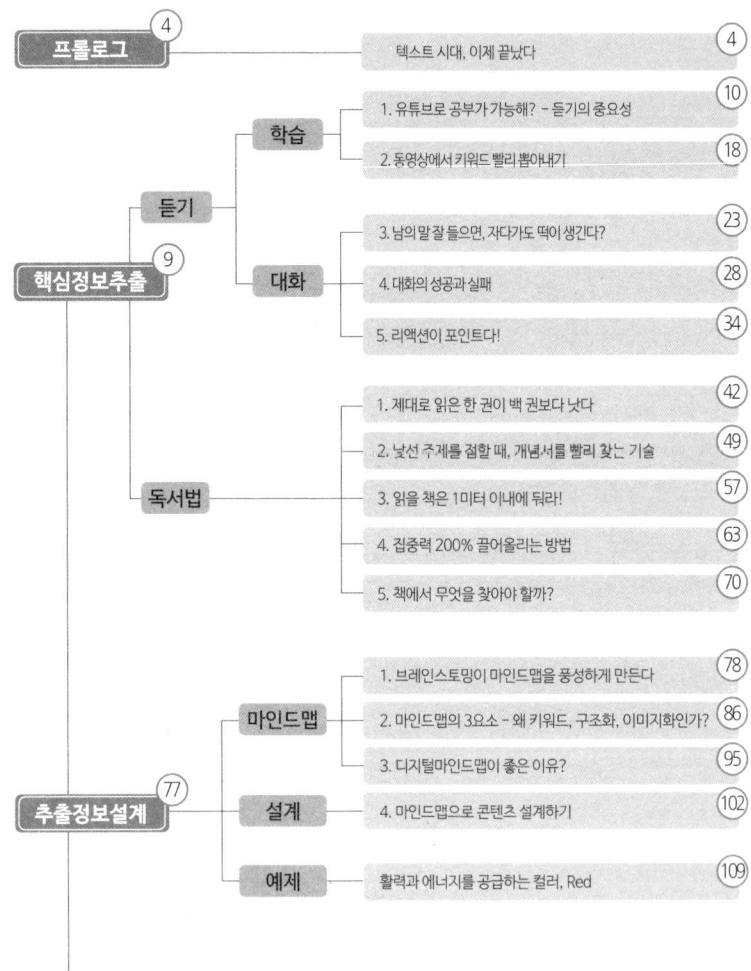

- **프롤로그** (4)
  - 텍스트 시대, 이제 끝났다 — 4

- **핵심정보추출** (9)
  - **듣기**
    - **학습**
      - 1. 유튜브로 공부가 가능해? - 듣기의 중요성 — 10
      - 2. 동영상에서 키워드 빨리 뽑아내기 — 18
    - **대화**
      - 3. 남의 말 잘 들으면, 자다가도 떡이 생긴다? — 23
      - 4. 대화의 성공과 실패 — 28
      - 5. 리액션이 포인트다! — 34
  - **독서법**
    - 1. 제대로 읽은 한 권이 백 권보다 낫다 — 42
    - 2. 낯선 주제를 접할 때, 개념서를 빨리 찾는 기술 — 49
    - 3. 읽을 책은 1미터 이내에 둬라! — 57
    - 4. 집중력 200% 끌어올리는 방법 — 63
    - 5. 책에서 무엇을 찾아야 할까? — 70

- **추출정보설계** (77)
  - **마인드맵**
    - 1. 브레인스토밍이 마인드맵을 풍성하게 만든다 — 78
    - 2. 마인드맵의 3요소 - 왜 키워드, 구조화, 이미지화인가? — 86
    - 3. 디지털마인드맵이 좋은 이유? — 95
  - **설계**
    - 4. 마인드맵으로 콘텐츠 설계하기 — 102
  - **예제**
    - 활력과 에너지를 공급하는 컬러, Red — 109

- 추출 정보의 보관 (113)
  - 내용 채우기
    - 1. 대학노트의 비밀 - 코넬 노트 (114)
    - 2. A4 백 장을 어떻게 써요? (122)
    - 3. 좋은 제목 수집하기 (130)
  - 바인더 활용
    - 4. 짜깁기가 진짜 실력이다 (142)
    - 5. 바인더를 지식생태계의 전략 무기로 활용하라! (149)
    - 6. 김치냉장고는 두 대 있는데, 아이디어 보관창고가 하나도 없다고? (156)
    - 7. 천재의 노트 필기법을 활용하라! (164)

- 바인더 기초 활용법 (171)
  - 1. A5 용지에 20개 구멍 뚫기 (173)
  - 2. 바인더 제목 만들기(책등 만들기) (176)
  - 3. 인덱스 만들기 (180)
  - 4. 속지 인쇄 방법(A5 양면 출력) (181)
  - 5. 종이 상식 (184)

- 에필로그 (186)

| 프롤로그 |

텍스트 시대. 이제 끝났다?

> 정보의 양이 너무 빠르게 증가하고 있어, 현재 인류가 이틀 동안 생산한 정보의 양이 동굴벽화시대부터 2003년까지 생산한 모든 정보의 양보다 많다.
>
> -구글 회장 / 에릭 슈미트-

 21세기로 들어온 지 벌써 20년이 흘러 갔지만, 구글 회장의 말은 아직도 유효한 듯 느껴진다. 미래 트렌드가 어떻게 바뀔지 예측할 수 없지만, 최근에는 텍스트 중심의 정보가 동영상으로 빠르게 변화하는 추세를 보이고 있다. 당분간 이런 현상이 유지될 것 같다.
 지금 동영상 콘텐츠의 대표 주자는 유튜브이다. 이것은 정보, 재미, 단순함이 적절히 조화를 이루어 다양한 연령층의 다수를 사용자로 이끌어 냈다. 유튜브 인기가 당분간 아니 상당 시간 지속될 것은 분명하다. 하지만 이것을 텍스트보다 더 우위에 둘 수 없다고 판단한다.

트렌드를 애써 외면하며 텍스트의 중요성을 고집하는 필자의 행동이 우둔하게 보일 수 있다. 하지만 모든 콘텐츠의 시작은 인문학적 토양에 기초를 둔 텍스트에서 출발한다고 믿으며, 앞으로도 이러한 믿음은 흔들리지 않을 것이라고 자신한다.

유튜브에서 장수하는 인기 콘텐츠를 분석해보거나, 웹툰, 영화 같은 콘텐츠를 살펴봐도 필자 말이 틀리지 않았다는 것을 쉽게 증명할 수 있다.

웹툰, 영화로 큰 인기를 끈 주호민 작가의 <신과 함께> 속에 인용된 주요 내용 역시 텍스트에 바탕을 둔 인문학, 즉 우리 역사와 민속에 바탕을 두었다. 이런 것을 보더라도 유튜브, 웹툰 같은 매체는 최근에 불어 닥친 일종의 트렌드일 뿐 본질이 아닌 껍데기에 불과하다고 생각한다.

오랜 기간 텍스트가 역사의 축을 이끌어 왔다. 이것은 '유행'이라는 말로 늘 새롭게 옷을 갈아입을 뿐이다. 요즘 유튜브 같은 멀티미디어가 유행하는 것처럼 잠시 스쳐지나가는 바람일 수 있다.

필자 역시 글을 쓰고 나면, 같은 콘텐츠를 바탕으로 동영상을 제작한다. 아무리 좋은 콘텐츠라도 트렌드를 무시하면 뒤쳐질 수밖에 없기 때문이다.

텍스트와 동영상, 이 두 가지 콘텐츠는 엄연히 성질이 다르다. 텍스트로 탄생한 콘텐츠는 넓고 깊은 지식을 다루는 반면, 동영상 콘텐츠는 단순함과 재미에 더 집중한다. 이것은 소비자 취향에 맞춘 결과이다. 모든 사람이 넓고 깊은 지식을 원하는 것이 아니며, 단순하고 재미있는 것만 찾는 것도 아니기 때문이다. 점심시간, 여유 있는 사람은 식당에 가서 밥을 먹겠지만, 바쁜 사람은 패스트푸드나 편의점에서 간단하게 먹는 것과 다르지 않다.

지금까지 십 수 년 간 다양한 콘텐츠를 만들었다. 강의 콘텐츠, 교육과정, 문구, 식품, 교구, 교재 뿐 아니라 주변에서 만든 다양한 콘텐츠를 관찰하고 자문하는 일을 수없이 해왔다. 뒤돌아보면, 성공한 것보다 실패한 것이 더 많았다. 하지만 실패를 통해 더 큰 것을 얻을 수 있었다. 실패 원인을 알아냈기 때문이다.

콘텐츠를 만들 때, 대부분 완벽하고, 더 우수한 것을 만들고 싶어 한다. 물론 틀린 생각이 아니다. 특히 과거에는 이렇게 해도 성공하는 경우가 많았다. 공급보다 수요가 더 많았기 때문이다. 하지만 요즘은 많이 달라졌다. 공급 과잉이 일어나면서 소비자의 선택이 까다로워졌다.
 이제 재화나 콘텐츠 생산을 할 때, 사용자 중심에서 먼저 생각해야 실패를 줄일 수 있다. 콘텐츠의 대상(소비자)이 누가 될 것이며, 사용자 입장에서 "무엇이 필요할까?", "왜 필요할까?", "어떤 감성을 좋아할까?" 같은 항목을 사전에 고려하여 최신 트렌드까지 반영해야 한다.
 이 책은 자기 콘텐츠를 개발하고 싶은 사람을 대상으로 정했다. 좀 더 구체적으로 말하면 새로운 책·강의 같은 교육콘텐츠를 만들고 싶은 사람이다. 이들은 자기만의 콘텐츠를 만들고 싶은 창작 욕구가 매우 강하다. 하지만 어디서부터 시작해야 할지, 어떤 영역을 파고 들어가야 할지 방향을 못 잡는 경우가 허다하다. 심지어 무슨 책을 어떻게 읽어야 할지 물어보는 경우도 있었다. 이런 고민을 이 책의 주제로 다루었다.
 처음부터 너무 욕심 낼 필요는 없다. 천릿길도 한걸음부터 시작한다는 옛말은 결코 부인할 수 없는 진리 중 진리이다.

 그렇다면 처음 던진 화두 "텍스트 시대, 이제 끝난 것인가?"에 대해 어떻게 말해야 할까?

 앞서 말한 것처럼 동영상 콘텐츠라고 해도 텍스트의 큰 뿌리에서 결코 벗어나지 않는다. 뿌리 깊은 나무는 웬만한 비바람에도 쉽게 뽑히지 않는다. 바로 이런 콘텐츠가 유행을 타지 않으며 끝까지 살아남을 수 있다. 이것이 바로 텍스트에 뿌리를 내린 인문학적 콘텍스트이다.

 인문학적 콘텍스트는 인문학에 바탕을 두었다. 인문학은 오랜 시간 동안 인간이 만들어 낸 글, 역사, 생각 등을 다루는 영역이다. 인문학은 긴 시간에 걸쳐 오랜 전에 만들어졌지만, 오늘날에도 다시 생각해볼 수 있는 가치 있는 영역이다. 인문학이 오랫동안 사랑 받은 이유는 인간에 대한 가치와 재미 때문이다. 인간은 인간에게 가장 큰 관심을 가진다. 인간의 모든 행동이 인문학이 될 수 있다.

 당신의 경험, 행동, 철학 이런 것을 모두 모아 인문학적 콘텍스트에 바탕을 둔 멋진 콘텐츠를 만들어 보기 바란다.

사냥 기술 ① **핵심정보 추출 기법 : 듣기**

유튜브로 공부가 가능해? - 듣기의 중요성

- 밀레니얼 세대, 외국어 공부도 유튜브로

응답자 중 43.3%가 외국어 회화 공부 중,
과목은 영어-일본어-중국어 순으로 공부해.
유튜브, 인터넷 강의 등 온라인 콘텐츠 선호

<한국경제매거진 2019.11.8.>

최근 신문에서 읽은 기사이다. 밀레니얼 세대, 즉 1980년 초반에서 2000년 초반까지 태어난 세대는 유튜브·인터넷 강의 등 온라인 학습 콘텐츠를 선호하는 것으로 나타났다. 밀레니얼 세대는 스마트폰에 익숙하고 효율성을 중요하게 생각한다. 밀레니얼 세대 뿐 아니라 다른 연령층에서도 유튜브·인터넷 강의에 대한 관심이 점점 커지는 경향을 보인다.

2011년 CBS TV에서 <세상을 바꾸는 시간, 15분>이라는 시사 교양 프로그램이 나온 후, 비슷한 강연 프로그램이 많이 생겨났다. 유튜브를 검색하면 수많은 강연 프로그램을 쉽게 찾을 수 있다. 지금은 에듀테인먼트(Edutainment)[1] 시대가 아닌가? 이제 유튜브를 보고 즐기며, 공부하는 시대가 찾아왔다.

"유튜브로 공부가 가능할까?"
"젊은 사람은 가능하겠지만 우리야······."

이렇게 답하며 세대 차이를 탓하는 사람이 있을 것이다. 하지만 모든 사람이 유튜브로 공부할 수 있다고 생각한다. 안 된다고 생각하는 이유는 간단하다. 보기·읽기 능력에 비해 듣기 능력이 현저히 떨어지기 때문이다. 어떻게 하면 듣기 능력을 키울 수 있을까?

듣기 능력의 중요성과 개발 방법에 대해 먼저 알아보자.

---

1 에듀테인먼트(Edutainment)는 에듀케이션(education, 교육)과 엔터테인먼트(entertainment, 오락)의 합성어로 게임을 하듯 즐기면서 학습할 수 있도록 하는 교육 형태이다.

● 듣기 능력은 무엇인가?

 듣기는 말하기와 더불어 의사소통을 이루는 중요한 요소이다. 듣는 것은 말이나 소리를 일방적으로 수용하는 수동적인 행위가 아니다. 게다가 상대방과 함께 의미를 공유하면서 능동적으로 소통을 해야 효과를 발휘할 수 있다. 특히 유튜브 같은 동영상은 말하는 사람과 소통할 수 없기 때문에 듣는 효율이 떨어질 수밖에 없다. 그래서 듣기 능력을 키워야 동영상으로 학습이 가능하다.

 인간은 70% 이상의 시간을 의사소통하는데 사용한다.
(듣기 46%, 말하기 30%, 읽기 15%, 쓰기 9%)

 많은 사람이 읽기, 쓰기에 많은 시간과 비용을 투자할 뿐, 듣기 교육에는 관심조차 가지지 않는다. 대부분 듣기는 배울 필요가 없다고 생각할 것이다.

 사람은 듣고 싶은 것만 듣는 성향이 있기 때문에 화자(話者)의 말 100%를 수용하지 못하며, 상대의 말을 흘려듣는 경향을 보인다. 듣기는 고도의 인지 과정이 필요하기 때문에 결코 쉽지 않다. 하지만 훈련을 통해 능력을 키울 수 있다.

 듣기 훈련은 어떻게 해야 할까? 가장 좋은 방법으로 강연을 자주 듣고 필기하는 방법을 추천한다. 시간이 없다면 유튜브 같은 동영상을 보면서 훈련하는 것도 나쁘지 않다.

강연을 들을 때 효과적으로 필기하는 방법은 3단계(STEP ①~③)로 나눌 수 있다. 이것은 듣기 능력 향상과 더불어 학습 능력 향상에도 크게 도움이 되는 방법이다.

● **STEP ① 강연(강의)이나 동영상을 보면서 필기하기**

강연(강의)을 들을 때, 필기하는 사람이 많다. 하지만 혼자 책을 읽거나, 동영상을 볼 때는 필기를 잘 하지 않는다. 강의는 한 번 듣고 잊어버릴까봐 기록하겠지만, 책이나 동영상은 언제든 볼 수 있다고 생각하기 때문에 필기하지 않는다. 또한 책이 더러워지는 것이 싫어 필기하는 것을 꺼려하기도 한다.

필기하는 것은 들은 내용을 받아들이기 위해 머리로 무엇을 습득했는지 인지하는 행위임으로 학습 효율과 밀접한 연관이 있다.

※ 1차 기록 완성하기

◆ 강사가 하는 말을 받아쓰듯이 시간 순서로 적는다. 필기는 여백을 주면서 여유 있게 하는 것이 좋다.

- 듣는 즉시 적지만, 강사의 말에 대한 자신의 생각을 쓰지 않는다. 자기 생각을 적으면 기록의 정확도가 떨어질 뿐 아니라 이야기를 듣는 데 방해가 되며, 딴 생각으로 빠질 위험이 높아진다.
- 시작할 때 언급하는 주제, 요약 같은 상위 개념을 상단 여백에 적어둔다. 이것은 강의 핵심이며, 강사의 모든 말이 모두 주제로 향한다는 사실을 잊지 않게 도와준다.
- 강조하는 특정 단어, 의미, 설명을 적는다. 여러 개가 나열될 경우 번호로 표시한다.
- 주장하는 논리와 근거(사례)를 적는다.
- 서론, 본론, 결론으로 이어지는 흐름을 도식화한다.
- 결론을 반드시 적는다.
- 서론, 본론, 결론마다의 시간 흐름을 기록한다.

● STEP ② 필기 후 보충하기

강의가 끝난 후 필기를 보면서, 빠진 것을 추가한다. 이 단계는 듣기만큼 중요하다. 듣는 동안 필기한 것과 강사가 한 말 가운데 기억나는 것을 추가하면서 1차 기록을 완성한다.

※ 1차 기록 보충하기
- 가급적 빠르게 보충하는 것이 가장 좋다. (2시간 이내)

- ◆ 자기 생각을 기록하지 않는다.
- ◆ 다른 사람의 기록을 참고할 때, 강의 내용만 가져와서 보충한다.

● STEP ③ 기록에 생각 추가하기 (2차 기록)

 이제 비판적인 필기로 이어진다. 이 과정이 능동적 듣기 능력을 향상시켜준다. 효과가 즉시 나타나지 않지만, 시간이 흐른 뒤 달라졌다는 것을 스스로 깨닫게 해준다.

※ 2차 기록 완성하기

- ◆ 필기를 보면서 자신의 의견과 생각을 떠올려 본다. 들은 내용과 자신의 생각을 구분하여 적는다.
- ◆ 동영상이 아닌 실제 강연을 들었다면, 다른 사람이 어떻게 반응하는지, 다른 의견이 무엇인지 관심을 가져야 한다. 자기 의견만을 표현하는 데 관심 두는 사람은 듣기에 실패하는 경우가 많다.
- ◆ 완벽하게 이해했고 결론에 동의했다면, 마음속으로 고개를 끄덕일 것이다. 동의하지 않는 경우도 있다. 이런 경우에 대해서도 자신의 생각을 솔직하고 객관적으로 적는다.

◆ 동의하지 않는 경우, 구체적인 이유를 적어본다. 왜 이런 얘기를 했을까? 왜 자신이 내놓은 이유와 증거가 결론을 뒷받침하는데 적합하다고 생각했을까? 왜 이 말은 하지 않았을까? 설명하지 않는 단어는 어떤 의미로 사용되었을까? 이런 질문을 던지며 자기 생각을 적는다.
◆ 동의 여부를 떠나, 강의에 대해 부족한 점, 의문점을 찾아 적는다.
◆ 동의하든, 반대하든, 판단을 보류하든, 강의를 듣고 얻은 모든 것을 적어 본다. 스스로 기준을 만들어 강의 평가를 해보는 것도 좋은 방법이다.

 필기는 3단계(STEP ①~③)에 걸쳐 진행한다. 강의가 끝난 후 빠른 시간 안에 다시 정리하는 것이 가장 효과적이다. 또한 처음 기록한 종이에 보충하고 비판적 생각을 끼워 넣는 것보다 새로운 용지에 다시 적는 것이 듣기 능력 및 학습능력 향상에 도움이 된다.(반복 학습의 효과 발생)

 듣기 훈련, 생각만큼 어렵지 않다. 하지만 이 방법을 알려줘도 머리로만 이해할 뿐 실천에 옮기는 사람은 많지 않다. 듣기는 의사소통의 46%를 차지할 만큼 커뮤니케이션에서 가장 큰 비중을 차지한다.

 듣기 훈련은 일주일에 한두 번만 해도 효과를 볼 수 있다. 이런 방식으로 듣기 훈련을 지속하면 유튜브 같은 동영상을 보면서도 효과적인 학습이 가능하다.(3개월 정도 훈련하면 효과를 볼 수 있다.) 공짜 콘텐츠를 보면서도 비싼 강의를 듣는 것처럼 학습 효율을 극대화 시킬 수 있다.

듣기 설계

동영상에서 키워드 빨리 뽑아내기

 회사나 학교에서 조금 생소한 분야에 대해 주제 발표를 시킬 때가 있다.(혹은 조금 생소한 분야의 강의를 요청받을 때도 있다.) 거절할 수도 없고, 선뜻 승낙하자니 자신이 없다.
 이제부터 이런 고민을 털어버려도 좋다. 전혀 낯선 분야만 아니라면 이런 것은 빠르게 만들 수 있기 때문이다. 두 시간짜리 시연 자료는 한두 시간이면 충분히 만들 수 있다.

● **핵심 키워드를 찾아 줄거리를 빨리 만드는 기술**

 시연 자료를 제작할 때, 최종 목표(무엇을 전달하려고 하는가?)와 결과물(무엇을 얻어 가는가?)을 염두에 두어야 한다. 이 두 가지만 확실하면, 발표에 실패하는 경우는 거의 없다. 최종 목표를 정하는 게 쉬운 일이 아니다. 결과물 역시 목표를 정해야만 생각할 수 있는 문제이다. 물론 시연 준비에 딱 맞춘 도서나 도움 받을 수 있는 멘토가 있다면 준비 과정이 더 수월해 진다. 하지만 이런 여건이 갖춰지지 않아도 상관없다. 요즘은 인터넷 시대가 아닌가?

먼저 인터넷을 검색하여 최종 목표에 맞는 강의 동영상 몇 개(5개 이하)를 찾아 다운로드 받는다.(유튜브 프리미엄 서비스에 가입하면 동영상 다운로드가 가능하다.) 미리 말하지만 동영상 강의를 참고할 뿐, 그대로 베끼는 것이 아니다.

이제 시연 줄거리를 구성해야 한다. 이것은 전달하려는 정보를 이야기처럼 만드는 작업이다. 해당 분야에 대한 사전 정보 또는 이해가 부족한 상태이기 때문에 이 단계가 가장 어렵게 느껴질 수 있다.

동영상 시청은 곰플레이어(www.gomlab.com)를 추천한다. 하필 많은 동영상 플레이어 중에서 왜 곰이냐고 생각하는 사람이 있을 수 있다. 대답은 간단하다. 단축키 설정이 편하기 때문이다. 요즘 제작되는 학습 동영상 대부분이 하단에 자막이 있다.(반드시 자막 있는 동영상을 선택해야 한다.)

많은 사람이 동영상 내용을 요약하기 위해서 자막을 보며 필기한다. 이 방법은 시간이 꽤 오래 걸린다. 10분짜리 동영상이라 하더라도 최소 30분 이상 소요된다. 자막을 적기 위해 중간에 몇 번을 멈추고, 반복해야 하기 때문이다. 가장 효과적인 방법은 자막을 보고 적는 것보다 화면 캡쳐 방식으로 자료를 추출하는 것이 좋다.

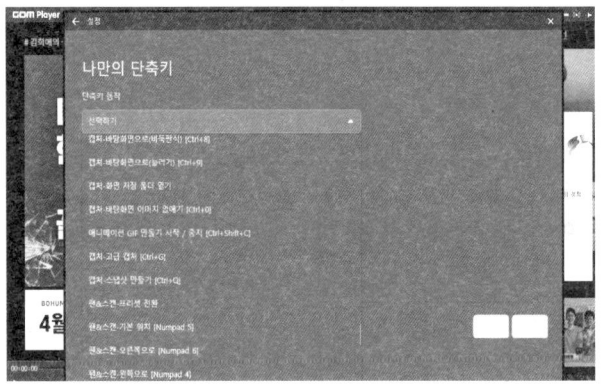

 화면 캡쳐를 조금 더 빠르게 하기 위해 곰플레이어 단축키를 설정한다. 곰플레이어 화면 상단에 있는 환경설정(F5) 아이콘을 [일반 - 기본- 단축키]에 들어간 뒤, 하단 [단축키 정렬] 오른쪽에 있는 [+] 아이콘을 클릭한다
 [단축키 동작]에서 [캡쳐 - 저장]을 찾은 뒤, 아래 [단축키 선택]에서 ←(backspace)키를 선택한다.(또는 자기가 편한 키로 설정해도 좋다.) 이렇게 설정하면 ←키를 누를 때, 화면이 바로 캡쳐 된다.(곰플레이어 버전 v2.3.51.5315으로 설명했다.)
 이것 외 사용 메뉴 세 가지를 더 기억해야 한다. 동영상

재생 속도를 조절하는 단축키이다.

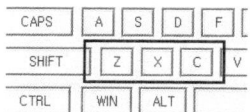

키보드 C 재생속도 0.1배속 올림
키보드 X 재생속도 0.1배속 내림
키보드 Z 재생속도 1배속 복귀

  준비가 끝났다면, 동영상을 시청해도 좋다. 키보드 'C'를 눌러 속도를 올리고 2배속까지 도전해 본다. 음성이 빠르게 흘러가겠지만, 못 알아들을 정도는 아닐 것이다. 조금 익숙해지면 속도를 더 올려도 된다. 직접 해보면 알겠지만, 이때 음성은 크게 중요하지 않다.

  필요한 자막을 단축키로 캡쳐한다. 이렇게 재생하면 10분짜리 동영상도 5분 이내 시청할 수 있다. 화면이 빨리 지나가지만, 자막을 하나도 놓치지 않고 저장할 수 있다.

  동영상 재생이 끝난 뒤, 캡쳐 화면을 빠르게 순서대로 보면서 내용을 읊어본다. 생각보다 말이 술술 나올 것이다. 이런 방법으로 동영상 몇 개를 시청한 뒤, 개념 정리를 시작하면 시연 줄거리를 빨리 만들 수 있다.

  전체 줄거리(뼈대)가 완성되었다면, 다음은 살을 붙여 자신만의 색깔을 입혀야 한다. 줄거리의 뼈대는 전달하려는 핵심 정보로 채워져 있다. 이것만으로 한두 시간짜리 강연을 만드는 것은 현실적으로 불가능하다.

 살을 붙이려면, 적절한 사례를 끼워 넣어야 한다. 사례 찾는 방법은 <사냥기술 ④ - A4 백 장을 어떻게 써요?(122P)>를 참고하기 바란다.

 필요한 사례는 바인더 속에 있을 것이다. 여기서 적절한 사례를 뽑아낸다.(바인더 속에 많은 자료가 있다고 가정했다.)

 사례를 끼워 넣는 순서는 약한 것부터 시작해서 쎈 것으로 강도를 점점 올려주는 것이 일반적이다. 전혀 생소한 분야라면 사례 찾기가 힘들겠지만, 비슷한 분야의 경험이 있다면, 보관된 유사 자료가 있기 때문에 시간이 오래 걸리지 않는다.

 이 방법은 조금 생소한 분야에 적절히 사용할 수 있고, 기존의 콘텐츠를 늘리거나(2강짜리 강의를 4강으로), 수정(예전 강의를 업데이트)하는 데에도 유용하게 써먹을 수 있다.

 이런 식으로 자신의 영역을 하나 둘 넓혀 가면, 언젠가는 자신의 분야에서 최고가 될 수 있다. 새로운 도전이 늘 기회를 만들어 준다는 사실을 기억하자!

남의 말 잘 들으면, 자다가도 떡이 생긴다?

 듣는다는 것은 단순하게 소리를 귀로 받아들이는 과정이 아닌 귀와 두뇌가 서로 상호작용을 일으켜 의식하는 복합적 행위이다. 듣는 힘은 생각하는 능력에 비례한다.
 잘 듣는 사람은 들으면서 많은 것을 생각한다. 상대방 말의 의미를 이해하기 위해, 말하는 사람의 기분을 파악하기 위해, 자신과 다른 의견의 이유에 대해, 상대가 놓친 생각을 찾기 위해, 말이 끝났을 때 무슨 얘기를 꺼내야 할지 등……, 이런 것을 고려하지 못하면 상대방의 의도를 파악할 수 없다.
 이것은 상대를 이해하는 마음에서 시작한다. 역지사지(易地思之)라는 말은 여기서도 통한다. 상대가 자신을 이해해 준다고 생각할 때, 마음의 문이 열리고 더 많은 얘기가 오가며 관계가 돈독해진다.
 특히 얘기를 잘 들어주는 사람은 인간관계가 좋기 때문에 주변을 통해 많은 정보를 얻기도 한다.

필자와 친하게 지내는 작가가 여럿 있다. 신간이 나올 때마다 책을 보내준다. 이런 책은 의무적으로 읽고 서재에 꽂아두는 게 보통이지만, 가끔씩 깜짝 놀라 전화기를 들 때가 있다.
"선생님, 이 소재를 어떻게 찾아냈어요?"
이렇게 물었지만, 돌아오는 대답은 의외로 간단했다. 가깝게 지내는 지인이 알려줬다는 것이다. 그리고는 한 마디 덧붙인다.
"책 머리말에 지인 이름을 적어 놨잖아. 아이디어를 주셔서 감사하다고 말이야……."

인간관계가 좋기 때문에 가능한 일이다. 콘텐츠를 만들고 싶은 사람에게 참신한 아이디어는 보석보다 더 가치 있는 선물이 아닌가?
여기서 한 가지 더 짚고 넘어갈 것이 있다. 이런 정보를 받았을 때의 행동이다. 나눔이 있으면 반드시 보답이 따라야 한다.

"정말 멋진 정보네. 좋은 정보를 알려줘서 고마워."
"이런 생각을 어떻게 했지? 여기서 앞뒤 얘기만 더 넣으면 소설책 한 권이 되겠는걸!"

물질적 보답이 아니라도 상관없다. 진심을 담은 짧은 말 한 마디가 상대방에게 더 큰 만족을 준다. 게다가 이런 행동은 많은 정보원을 만들어 고급 정보가 계속 이어지게 한다.

 물론 좋지 않은 정보를 들었을 때도 감사해야 한다. 이것은 정보의 질이 아닌 상대의 나눔 행위에 대한 감사이다. 여기서 정보의 좋고 나쁨을 얘기한다면, 상대가 실망할 수 있다.(특히 남성이 이런 성향을 자주 보인다.)

 솔직함이 항상 최선은 아니다. 이런 솔직함은 말하는 상대의 입장을 곤란하게 만들고, 좋은 정보를 전달하고 싶은 마음을 사라지게 만든다. 상대의 행위에 더 높은 점수를 주며 진심을 담아 감사해야 상대방이 더 노력한다.

 반대로 남 얘기를 잘 듣지 않는 사람이 있다. 이런 부류는 자기 귀에 거슬리는 이야기를 싫어하고, 자기와 생각이 다른 사람 얘기에 귀를 닫는다. 특히 싫은 사람, 선입견이 있는 사람, 자신보다 지위가 낮다고 생각하는 사람, 외모가 마음에 들지 않는 사람에게 처음부터 건성으로 듣는 경우가 많다. 또한 자기 자신의 결점을 지적하면 얼굴을 붉히며 흥분하거나, 자기에게 따지는 얘기를 귀찮게 여긴다. 하지만 이런 것을 극복하고 한 발 앞으로 다가가면 더 많을 것을 얻을 수 있다. 듣는 일은 음식을 골고루 먹는 것과 비슷하기 때문이다. 맛이 없지만 몸에 좋은 음식이 있고, 쓴 소리 중에서도 자기에게 이득이 되는 말이 분명히 있다. 이런 점을 극복해야만 세상의 모든 얘기에 귀를 기울일 수 있고, 좋은 정보도 쉽게 얻을 수 있다.

 별 것 아닌 것 같지만, 듣기는 인간의 의사소통 중 가장 중요한 기술이다. 앞서 말했듯이 인간은 의사소통의 46%를 듣기에, 30%를 말하기에 사용한다.
 질문에 제대로 답하거나, 대화의 흐름에 맞춰 얘기하려면 잘 들어야 한다. 이것은 분명 말하기 영역이지만 듣기와 밀접한 관계가 있다. 결국 30%에 해당하는 말하기 역시 듣기의 영향을 피해갈 수 없다. 이런 점을 고려해보면, 의사소통의 80% 가량이 듣기와 직·간접적으로 연결되어 있다.
 듣기 능력은 선천적으로 타고 나는 것이 아니다. 훈련을 통해 발전시켜야만 제대로 들을 수 있다.(훈련 방법은 <사냥 기술 ① - 유튜브로 공부가 가능해?(10P)>에서 이미 설명했다.)

 듣기 능력을 100% 활용할 수 있다면 어떤 일이 벌어질까?

 학습이 쉬워지고, 상대의 말도 제대로 이해하며 적절히 반응할 수 있다. 이런 커뮤니케이션은 인간관계를 좋게 만들기 때문에 주변 사람이 끊임없이 찾아오게 만들며, 좋은 정보를 서로 나누게 된다.

 상상만 해도 즐겁지 않은가? 어쩌면 가만히 있어도 기하급수적으로 늘어나는 정보 때문에 매일매일 즐거운 비명을 지를 수도 있다. 단지 잘 듣기만 했을 뿐인데…….

🎧 듣기

대화의 성공과 실패

> 고수를 만나 제자로 들어갔지만, 매일 마당만 쓸었다. 삼 년이 흘러갔다. 이번에는 물 긷는 일을 시켰다.
> '도술은 언제 배워?'
> 제자는 혼자 끙끙 앓으며 물통을 집어 들었다.

 도제식 교육이란, 오랜 기간을 스승과 제자가 함께하며 전문 지식과 기술을 체계적으로 전수받는 교육을 말한다. 급변하는 21세기에 도제식 교육은 정답이 아닐 수 있다. 예전에는 강산이 바뀌는 데 십 년이 걸렸지만, 요즘은 삼 년이 채 안 걸리기 때문이다. 게다가 예전과 달리 요즘 이렇게 가르치면 모두 도망가고 말 것이다. 혹은 고소당할 수도 있다.
 도제식으로 교육하는 고수와 삼 년 동안 마당을 쓴 제자! 스승에게도 문제가 있겠지만, 제자의 행동도 좋은 점수를 줄 수 없다. 제자가 말없이 따르는 것을 보며 스승도 답답하지 않았을까? 어쩌면 이것도 스승이 제시한 일종의 시험일 수 있다.

먼저 스승이 제자에게 하찮은 미션을 시킨 의도를 생각해 볼 필요가 있다.

성실함? 아니면 인내심을 원했을까?

이런 것을 바랄 수도 있지만, 스승은 영민한 제자를 더 원하지 않았을까?

영민한 제자가 되기 위해서는 스승과 먼저 친구가 되어야 한다. 그래야만 더 많은 것을 스승에게 얻을 수 있다. 스승이 말할 때 제자는 의도를 먼저 파악한 후 적절한 반응을 보여줘야 했다. 하지만 제자는 경청과 순종이 미덕인 줄만 알았다.

● **고수를 친구로 만드는 법**

듣기는 상대방을 인식하고 적절한 반응을 보이는 것부터 시작한다. 이런 대화는 화자의 기분을 좋게 하며, 스스로 입을 열게 만든다.

원활한 소통 환경을 만들지 못하면, 대화는 엉망이 되

고 만다. 실패의 원인이 뭘까? 이런 경우는 화자(話者)보다 청자의 태도에 문제 있는 경우가 더 많다. 혹시 당신의 태도를 아래의 경우와 비교해 보자.

※ 화자(話者)의 입을 닫게 만드는 청자(聽者)의 태도 유형

① 무표정한 사람 상대에 대한 경계심으로 보여진다. 화자는 이런 사람 앞에서 입을 닫는다.

② 메모하지 않는 사람 화자가 얘기할 때 청자가 수첩을 꺼내들고 적는 모습을 보면 존중 받는다는 생각을 가진다. 또한 메모는 자신의 기억을 보조해 준다.

③ 빈정거리며 웃는 사람 청자와 초면인 경우 불쾌감을 야기시킬 수 있다.

④ 화난 표정을 짓는 사람 눈빛이 강렬하고, 화가 난 것처럼 보일 수 있다. 노려보는 눈빛이 화자를 불안하게 만든다.

⑤ 팔짱 끼고 듣는 사람 버릇일 수도 있지만, 왠지 모르게 화자의 얘기에 거부한다는 느낌을 준다. 또한 건방진 행동으로 오해받을 수 있다.

⑥ 성급하게 재촉하는 사람 결론부터 성급하게 묻는 사람이 있다. 이런 행동은 상대방을 무시하는 것처럼 느끼게 하며,

대화를 차단하는 치명적 원인이 된다.

⑦ 버럭 화를 내는 사람 솔직한 얘기를 하더라도 자신에게 불리한 얘기가 나오면 앞뒤 가리지 않고 화를 먼저 낸다. 이러한 행동은 대화뿐 아니라 인간 관계에서도 많은 것을 잃을 수 있다.

⑧ 무조건 긍정하는 사람 습관적으로 고개를 끄덕일 수 있다. 긍정, 부정 모두에 고개를 끄덕이기 때문에 화자에게 혼동을 야기 시킨다. 또한 주변 사람에게 신뢰를 얻지 못할 수 있다.

⑨ 눈을 감는 사람 화자의 얘기가 지루하다는 뜻으로 비춰질 수 있다.

이런 행동이 화자의 기분을 망치게 한다. 이 중에서 습

관적으로 일어나는 행동이 있다면 빨리 고치는 게 좋다. 듣는 행위는 자기를 표현하는 방식이며, 습관적 행동은 자신의 의지와 상관없이 일어날 수 있기 때문이다.

 메모하는 사람은 꼼꼼하며, 두리번거리는 사람은 타인에게 신경을 많이 쓰고, 삐낙하게 앉아 듣는 사람은 피해의식이 강하다는 의미로 비춰질 수 있다. 무의식적 행동 중 부정적 측면은 자신에게 약점으로 돌아온다. 이것을 제대로 파악하고 고쳐야 성공적 대화를 이끌어 낼 수 있다.

 누구를 만나든 태도가 중요하다. 태도와 관련된 유명한 일화 하나를 소개한다. 진대제 정보통신부 장관이 간담회에서 얘기한 태도에 관한 퀴즈이다.

<문제> 인생을 100점짜리로 만들어 주는 영어 단어는?

조건
 알파벳 순서대로 숫자를 차례대로 쓴다. A에 1을, B에 2, C에 3, D에 4, 이런 식으로 Z까지 숫자를 쓴다.

조건에 맞는 영어 단어를 찾는다. 알파벳을 하나씩 잘라 해당하는 숫자를 아래에 적고, 숫자를 모두 더해 100을 만들어 보자.

과연 어떤 단어가 인생을 100점으로 만들어 줄 수 있을까?

> 열심히 일한다 hard work는 98점, 지식 knowledge는 96점, 사랑 love는 54점, 운 luck는 47점, 돈 money는 72점, 리더십 leadership은 89점, 태도 attitude가 정답인 100점이다.
>
> **attitude = 1 + 20 + 20 + 9 + 20 + 21 + 4 + 5 = 100**

이 말에 100% 공감한다. 자신의 태도에 따라 상대가 변화될 수 있기 때문이다. 상대가 존중받는다는 생각을 가질 때, 모든 것이 당신의 품 안으로 들어온다. 그래서 당신의 태도가 더더욱 중요하다.

리액션(칭찬)이 포인트다!

> 다른 사람의 장점을 발견할 줄 알아야 한다. 그리고 남을 칭찬할 줄도 알아야 한다. 그것은 남을 자기와 동등한 인격으로 생각한다는 뜻이다.
>
> -괴테-

한국 사람은 칭찬에 인색하다. 특히 자기에게 칭찬하는 것은 결례를 범한다고 생각하며 부끄러워하는 사람도 있다.

칭찬에 왜 인색할까?

칭찬은 아주 매력적인 상호작용이며, 서로에게 만족을 주는 아주 훌륭한 의사소통이다. 게다가 칭찬은 교묘하고 은밀한 작업이며, 긍정적인 아첨, 매력적인 밀당처럼 느껴진다.

칭찬할 때는 상대가 원하는 것을 정확히 찾아내야 진정성이 생기며 효과가 발생한다. 이런 교감 속에서 서로 동질감이 생기며 공감대를 이끌어 낼 수 있다. 칭찬할 가치가 있는 행위를 찾았을 때, 우리는 적극적으로 실천해야 한다. 조금 과다해도 민망할 만큼 억지스럽지 않다면, 칭찬은 아무리 해도 지나치지 않다.

 사실 칭찬이라는 게 그렇게 거창한 것이 아니다. 칭찬은 상대의 말 한마디를 인정해주고, 상대를 존중해주는 것부터 시작한다. 이것은 듣기와 아주 밀접한 관련성을 가진다. 듣기는 머리로 내용을 정리하면서, 눈으로 상대와 주변을 관찰하며 상대방의 마음을 읽는 행위가 아닌가?

 상대방의 말을 제대로 듣기 위해서는 반드시 집중해야 한다. 말을 집중해서 들을 수 있는 평균적인 시간은 15분 정도밖에 되지 않기 때문에 집중하지 않으면 대화에서 많은 것을 놓치고 만다.

 상대의 말을 제대로 듣고 이해하는 것은 인지한 내용을 상대에게 온 몸으로 표현하는 복합적 행위이다. 대화는 대답을 통해 시작하며, 대답이 없으면 소통이 단절되기 때문에 청자의 복합적 상호 반응이 매우 중요하다.

 이런 반응은 눈, 표정, 행동 등을 통해 복잡하게 나타난다.

① 눈

 눈은 마음의 창이다. 상대가 말을 꺼낼 때, 눈이 딴 곳을 바라보면 입을 여는 게 부담될 수 있다. 이야기를 시작할 때, 서로 눈을 마주치는 게 좋다. 3~4초가 지나면, 자연스럽게 아래쪽 방향으로 눈을 돌린다. 생각하며 듣는 자세를 유지한다. 10초 이상 다른 곳을 보고 있으면, 말하는 상대가 불안할 수 있다. 중간 중간마다 상대방을 보며 경청하는 자세를 취한다. 상대를 보든 외면하든, 청자의 눈은 표현의 도구로 작용한다.

② 표정

 미소 짓는 밝은 얼굴은 상대를 편하게 만든다. 요즘 많은 사람이 TV, 스마트폰 등 일방적인 정보를 받아들이는 매체에 익숙해서 상대에게 반응하는 것을 어려워한다. 웃는 연습도 자주 하게 되면 자연스럽게 연출할 수 있다.(표정관리를 위해 셀카를 자주 찍는 것이 도움된다.)

③ 행동

 중요한 부분에서 확실하게 고개를 끄덕이며 긍정한다는 의사를 밝힌다. 수긍은 상대의 말을 인정해 주는 확실한 방법이며, 적절한 타이밍에 맞춰 제대로 표현해 주는 것이 중요하다. 화자와 눈을 보고 표현해야 긍정 의사가 제대로 전달된다. 이 표현은 상대에게 제대로 듣고 있다는 것을 알리는 신호이다.

반대로 갸웃거리거나 옆으로 흔들면 부정·반대의 의사를 표현하는 것이다. 부정적 표현이 습관적으로 나오지 않게 주의하면서 긍정과 부정의 의사를 정확히 보여주는 것이 중요하다. 부정의 의사를 너무 두려워할 필요는 없지만, 횟수가 늘어나면 상대가 불편할 수 있다.

긍정에도 강도가 있다. 처음에는 동의하는 의사를 대부분 말로 표현하지만, 이것도 계속 반복하면 효과가 떨어진다. 다양한 방법으로 긍정을 표현해 주면 원만한 소통에 도움이 된다.

상대의 말을 요점 정리하듯 따라 말해주는 방법도 있다. 화자는 자신이 한 말이 잘 전달되었는지 얘기하면서도 걱정할 때가 있다. 같은 말을 반복하는 행위는 상대방의 걱정을 해소시켜 준다. 또한 이것은 앞의 대화를 간단하게 정리해주는 역할을 하며 오해를 줄여주는 방법 중 하나이다.

상대에게 즉시 반응하지 못할 때도 같은 말 반복하기로

좋은 분위기를 연출할 수 있다.

> 여자 친구가 미용실에 다녀온 뒤, "오늘 뭐 바뀐 거 없어?"라고 물었다. 남자는 당황하며 눈동자를 빠르게 굴렸지만, 도무지 찾아낼 방법이 없다. 이럴 때, 생글생글 웃으며 상대의 질문을 그대로 따라하며 말 뒤끝을 살짝 올려준다.
> "뭐가 바뀌었을까?"
> 이렇게 말하면 여자 친구의 얼굴이 더 밝아지며, 대화가 자연스럽게 이어질 수 있다.

상대방 질문의 의도를 잘 파악해야 한다. 모든 질문이 시험처럼 정답을 찾는 것이 아니다. 질문은 관심 유발, 강조, 이목 집중 등 여러 목적으로 사용할 수 있다.

이것 외에도 중간마다 적절한 반응과 함께 추임새 넣는 방법도 있다.

① 동의
예 네 / 맞아요 / 저도 같은 생각입니다

② 촉진

[예] 그래서 / 어떻게 됐지? / 예를 들면 / 그 다음은요?

③ 정리

[예] ~ 이렇다는 말이군요.

④ 전환

[예] 좀 다른 얘기인데

⑤ 공감

[예] 재미있네요 / 놀라셨죠? / 너무 아쉬워요 / 힘내세요

⑥ 놀람

[예] 와! / 정말요? / 어떻게?

 6가지 방법이 전부는 아니다. 같은 표현이라도 상황, 감정에 따라 다른 용도로 사용할 수 있다.

 이런 방법으로 호응해주면, 화자는 얘기를 하면서도 점점 의욕이 생긴다. 이것은 이야기가 앞으로 계속 진행할 수 있는 원동력을 제공한다. 물론 너무 자주 사용하거나

과장된 표현은 좋지 않다. 과유불급(過猶不及)이라는 말처럼 아무리 좋은 공감이라도 내용에 맞춰 적절히 사용해야 효과를 낼 수 있다.

대화가 즐거워지면 서로 간에 많은 정보를 자연스럽게 주고받을 수 있다. 언어는 소통 수단이며, 말과 글은 전달이 가장 큰 목적이다. 상대방에게 말과 글을 정확히 전달하기 위해 적극적으로 표현해야 한다.

서로 칭찬을 주고받는 것이 단순 언어 교환으로 끝날 수 있다. 하지만 칭찬은 대화를 흥겹게 만들고, 서로를 더 깊게 알 수 있는 기회를 만들어 준다. 상호간의 신뢰가 생길 때, 진짜 속마음을 털어 놓고 소중한 얘기가 오갈 수 있다. 즐거운 대화 속에서 자신도 모르게 많은 정보가 교환된다는 것을 잊지 말았으면 좋겠다.

사냥 기술 ② 핵심정보 추출 기법 : 읽기

읽기

제대로 읽은 한 권이 백 권보다 낫다!

"진짜로 분당 15,000단어의 속도로 소설을 읽어요?"
"물론 할 수야 있지요, 그런데 누가 그렇게 하고 싶겠어요?"

<생각을 넓혀주는 독서법>

 분당 15,000단어! 과연 이 속도로 책을 읽을 수 있을까? 모티머 애들러의 책 <생각을 넓혀주는 독서법>에서 속독의 문제점을 지적한 말이다.
 책의 맛을 알게 되면, 다독의 욕심이 자연스럽게 생겨난다.
"시간은 없고, 책을 더 읽고 싶고……."
 이런 말을 하면서 책장을 빠르게 넘겨보지만, 내용이 머릿속에 쏙 들어오지 않는다. 단어만 읽었을 뿐 문장의 맛을 느끼지 못했기 때문이다. 문장의 맛은 문장과 문장 사이의 접속사, 단어 뒤에 붙은 조사, 행과 행 사이의 의미 등에 좌우되며, 이런 것이 독자를 책 속으로 빠져들게 만든다. 이 말은 문학책의 경우, 더 절실하게 와 닿는다.

책을 빨리 읽는 것은 밥을 급하게 먹는 것과 비슷하다. 책도 밥처럼 천천히 읽는 게 좋다. 이런 충고 역시 속독을 찬양하는 사람에게는 잔소리로 여겨질 수 있다. 천천히 읽으라고 늘 강조하지만, 속독의 유혹에서 벗어나기란 그렇게 쉬운 일이 아니다.

속독이란, 과연 무엇일까?

> 보통 속독법이라고 하면 눈동자를 빨리 움직여 시폭을 넓게 하는 것이다. 한 번에 3~4줄을 동시에 읽을 수 있고, 훈련을 더 하면 한 번에 볼 수 있는 줄의 수가 늘어난다. 그러나 진정한 고수는 읽지 않고 한 페이지 전체를 이미지화하여 본다.
>
> <48분 기적의 독서법>

속독법 책에서 찾은 속독의 핵심 원리이다. 여기서 '한 페이지 전체를 이미지화하여 본다'는 문장이 아주 매력적으로 다가온다. 이미지화란, 사진기로 대상을 찍는 것을 말한다.(여기서 이미지화는 마인드맵의 3요소 중 하나와 같은 단어이지만, 전혀 다른 의미로 사용되었다.) 사람의 눈은 사진기처럼 풍경을 찍어낼 수 있는 능력을 가졌기 때문이다.

 고개를 돌려 먼 산을 바라보자. 한눈에 산을 볼 수 있지만, 하늘과 닿은 산등성이나 나무의 색깔은 자세히 살피지 않는다. 그리고는 "산을 보았다."고 말한다.

 책을 펼쳐 본문 내용을 천천히 읽어보자. 산을 볼 때처럼 전체를 보기보다 글자와 단어를 살피는데 더 집중할 것이다. 이런 행동 역시 "책을 보았다."고 표현한다.

 상황은 다르지만, 모두 '보다'라는 단어를 사용했다. 같은 단어를 썼지만, 엄밀하게 따져보면 의미가 다르다. 전자는 'view(보다)'이고, 후자는 'read(읽다)'의 의미로 사용됐다. 다시 말해 속독은 'view(보다)'하면서 'read(읽다)'했다고 말하는 것에 불과하다.

 사진 찍듯 책을 한번 읽어보자. 과연 책의 내용 중 몇 퍼센트나 이해할 수 있을까? 속독의 성과는 책에서 획득하는 정보량을 기준으로 평가한다. 책에서 50%를 이해했다면, 아주 성공적이라고 얘기한다. 책에서 중요한 내용은 전체의 20%를 넘지 않기 때문에 50% 이해는 아주 성공적이라는 억지 주장이 조금은 그럴듯하게 들릴 수 있다.

 속독을 하다보면, 책에 대한 심적 불안감이 점점 늘어난다. 책에 대한 객관적 정보(내용, 요점)를 얻었지만, 주관적 평가(평가, 감상, 맛)를 내릴 수 없기 때문에 심리적 불안감이 생겨난다. 게다가 속도가 빨라지면 이해하지 못하고 넘어가는 부분이 늘어나기 때문에 이런 불안은 시간이 갈수록 더 커질 수밖에 없다.

 독서는 산을 오르는 것처럼 천천히 한발 한발 놓아야 지치지 않고 정상까지 오를 수 있다. 산을 사랑하는 사람은 등산하면서 정상 탈환에 목표를 두지 않는다. 자연을 벗 삼아 경치를 보면서 천천히 산을 올라야 재미가 있고 운동도 되기 때문이다.

 책은 천천히 읽으면서 저자의 생각을 알아내는 것이 중요하다. 자동차를 빠르게 몰면서 지나가는 경치를 감상할 수 없듯이, 책도 빠르게 읽으면 진정한 의미를 깨달을 수 없다. 그래도 빠르게 읽기를 포기할 수 없다면, 느리지 않지만 조금 더 속도를 낼 수 있고, 꼼꼼하게 읽을 수 있는 독서 방법 하나를 소개하겠다.

● **빨간 펜 독서(속독의 효과와 이해를 동시에 높이는 방법)**

 빨간 펜 하나만 있으면 가능한 독서 방법이다. 미리 말하지만, '빨간 펜 독서'는 특별한 기술과 훈련을 요구하지 않는다. 평소처럼 읽으면서 빨간 펜 하나만 더 사용해도, 읽기 속도를 평균 30%정도 끌어올릴 수 있다. 모티머 애들러 역시 <생각을 넓혀주는 독서법>에서 비슷한 방법을 소개했다.

> 엄지손가락과 집게, 가운뎃손가락을 붙여 책 위에 올려놓고 책 읽듯이 이쪽 끝에서 저쪽 끝으로 움직인다. 이때 눈으로 따라갈 수 있는 속도보다 약간 빠르게 손을 움직이고, 눈은 손을 따라간다. 이렇게 읽으면, 손의 움직임 속도만큼 빠르게 읽을 수 있다. 꾸준히 연습하면서 손가락 이동 속도를 조금씩 높이면, 정독 하면서도 빠르게 책을 읽을 수 있다.

 손가락을 이용해서 책을 읽으면 눈의 움직임이 빨라지며, 줄이 바뀔 때 첫 글자를 놓치지 않는다. 빨간 펜을 사용한다는 점에서 차이가 있지만, 손가락을 이용할 때보다 집중력이 더 올라간다. 특히 중요한 문구를 찾았을 때, 빨간펜을 이용해서 바로 표시할 수 있는 장점이 있다.

이 방법을 몇 번 연습하고 나면 속독을 배울 필요가 없으며, 예전과 비교해 봐도 책 읽기 속도가 빨라졌다는 것을 확인할 수 있다.

달리기를 잘한다고 해서 모든 운동을 잘한다고 할 수 없는 것처럼 책을 빨리 읽는다고 해서 책을 잘 읽는 것이 아니다. 자동차도 과속하면 위험하듯, 책 읽기도 과속은 금물이다.

많은 책을 읽고 싶다면, 빨간 펜을 잡고 평소보다 조금만 더 빠르게 읽어보자. 다독과 정독의 두 마리 토끼를 한꺼번에 잡을 수 있는 효율적 방법이 될 것이다. 많은 책을 읽기보다 단 한 권을 읽더라도 내 것으로 만드는 것이 가장 효과적인 독서 방법이다.

📖 읽기

낯선 주제를 접할 때, 개념서를 빨리 찾는 기술

새로운 콘텐츠 개발은 도전을 의미한다. 우리가 아는 대부분의 지식과 정보는 모두 배워서 익힌 것이 아닌가? 이런 생각을 가지고 모든 것을 개척하는 마음으로 자기만의 영역을 만들 수 있다면, 이 일을 통해 당신은 좀 더 성장할 수 있다.

새로운 콘텐츠를 만드는 일과 조금 낯선 콘텐츠를 만드는 일이 과연 비슷할까? 얼핏 보면, 이 둘은 꽤 비슷해 보인다. 하지만 그렇지 않다. 이 둘은 전혀 다르며 접근 방법에도 큰 차이가 있다.(조금 낯선 콘텐츠를 다루는 방법은 <사냥기술 ① 동영상에서 키워드 빨리 뽑아내기(18P)>에서 이미 설명했다.)

● 새로운 콘텐츠를 만드는 것

테슬라 CEO로 알려진 일론 머스크는 항상 새로운 것에 도전하며 언론의 집중을 받아왔다. 우주여행, 화성 식민지 사업, 전기 자동차, 하이퍼루프(Hyperloop) 같은 사업을 발표할 때마다 대중은 황당한 얘기로 생각했다. 하지만 지금은 전혀 아니다. 일론 머스크는 자기가 말한 새로운 사업을 하나씩 실현시키며 신화를 만들어 냈다.

 자동차 회사인 테슬라만 보더라도 놀랍지 않은가? 2003년 설립된 테슬라는 단 한 번도 자동차를 만들어 본 적이 없었다. 게다가 당시에는 아무도 해본 적 없는 전기 자동차를 만들겠다고 선언하며 거액의 자금을 투자 받았다.

테슬라는 내연기관이 아닌 전기 모터로 구동되는 새로운 자동차 제작에 목표를 두고, 조향, 동력, 차체 설계, 안전까지 모든 것을 처음부터 새롭게 시작했다. 십여년이 흐른 2020년, 테슬라는 전기 자동차 부분에서 세계 1위 기업이 되었다. 일론 머스크의 도전 정신이 만든 쾌거였다.

 우리는 테슬라가 전기 자동차 세계 1위라는 사실보다 일론 머스크의 도전 정신에 더 관심을 가져야 한다.

 일론 머스크는 평생 새로운 것에 도전했다. 아니 새로운 것을 즐길 줄 알았다. 하이퍼루프(Hyperloop), 화성 식민지 건설……. 이런 것은 공상과학영화에 나올 법한 얘기이다. 하지만 일론 머스크의 얘기는 허풍으로 끝나지 않았다.

 예전과 달리 이제 많은 사람이 일론 머스크의 도전을 기대한다. 일론 머스크가 상상을 현실로 이끌어내는 기술이 누구보다 뛰어나다고 믿기 때문이다.

● 조금 낯선 분야의 접근

 많은 자동차 회사가 미래 에너지에 관심을 가진다. 이번에는 수소 연료 자동차 개발을 생각해 보자.

 자동차 회사는 몇 십 년 동안 자동차를 생산했기 때문에 조향, 동력, 차체 설계, 안전 등 모든 항목을 새롭게 개발할 필요가 없다. 기존 것을 변형하여 사용할 수 있는 기술을 이미 가졌기 때문이다. 여기서 수소 엔진 하나만 더 집중해서 개발하면 새로운 자동차를 만들 수 있다. 테슬라가 전기 자동차를 만들 때와 비교해도 시간, 비용, 인력 등 모든 측면에서 더 나은 조건을 가진 셈이다. 이런 조건을 바탕으로 기존 자동차 회사는 테슬라보다 훨씬 더 수월하게 수소 연료 자동차를 만들 수 있다.

새로운 일을 시작하는 것과 조금 낯선 일을 시작하는 것은 큰 차이가 있다. 수영을 예로 들어보겠다.
　수영을 전혀 못하는 사람은 물에 적응하는 것부터 먼저 배워야 한다. 하지만 자유형 정도 할 수 있는 사람은 바로 물에 들어가 배영, 평영을 배우게 된다.
　새로운 것을 시작할 때, 제대로 된 방향을 잡는 게 우선이다. 첫 발을 잘못 내밀면 엉뚱한 길로 빠질 확률이 높기 때문이다.
　만약 개헤엄을 칠 수 있다고 생각해보자. 이런 사람이 바다에 빠지면 과연 살아날 수 있을까? 불가능하다. 생존 수영인 평영을 배우지 않은 사람은 깊은 바다에서 절대 살아남을 수 없다. 어설프게 배운 수영은 물장난 치는 데만 써먹을 수 있을 뿐, 바다에서 살아남는 데는 전혀 도움이 되지 않는다.
　새로운 강의 콘텐츠 개발도 다르지 않다. 이런 작업을 할 때는 조금 낯선 분야의 강의를 만들 때처럼 유튜브 같은 매체를 보는 것은 매우 위험하다. 이런 매체는 평균적 수준을 가진 대중에게 눈높이를 맞췄기 때문에 대부분 전문적인 정보를 다루지 않는다.

콘텐츠 개발 역시 첫 단추를 어떻게 끼우는가에 따라 지식의 수준과 결과가 달라진다. 시작 단계에서는 나무가 아닌 숲에 해당하는 자료를 빨리 찾아야 한다. 교과서를 잘 봐야 기초가 튼튼해지는 것처럼 새로운 분야를 개척할 때, 기본이 되는 개념서를 빨리 찾는 게 중요하다. 바른 기준이 정해져야 다음 단계로 이동할 수 있기 때문이다.

초보자는 새로운 강의 콘텐츠를 만들 때, 해당 분야의 베스트셀러, 스테디셀러를 먼저 살피는 경향이 있다. 사실 이런 방법은 실패 가능성이 매우 높으며 시간도 꽤 오래 걸린다. 이런 책은 일반인이 주로 볼 뿐, 콘텐츠 개발자가 보기에는 부적합할 수 있다. 수준 미달인 경우도 있고, 체계적이지 않은 경우가 많다. 다시 말해 이런 책은 숲이 아닌 나무에 해당한다.

이런 오류를 막기 위해 논문 읽기를 추천한다. 국회도서관 홈페이지[1] 에 들어가면 논문을 쉽게 찾을 수 있다. 이곳에는 유료 논문도 있지만, 무료로 다운로드 받을 수 있는 자료가 꽤 많다.

---

1 국회도서관 https://www.nanet.go.kr

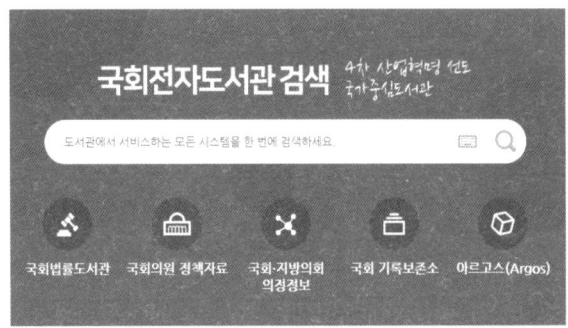

 논문을 왜 읽어야 할까?

 잘 아는 분야라면 상관없겠지만, 잘 모르는 분야라면 논문을 읽어야 시간을 단축시킬 수 있다.(가급적 석사 학위보다 박사 학위 논문을 선택하는 것이 좋다.) 하나 둘 읽다 보면, 생각보다 어렵지 않다는 것을 느낄 수 있다. 용어의 설명과 이론의 전개도 체계적이다. 게다가 해당 분야의 교과서 같은 책이 마지막 인용도서로 기록되어 있다. 여기서 인용도서 목록을 유심히 살펴야 한다.

 관련 논문 서너 편을 살펴보면 공통된 인용도서를 찾을 수 있다. 논문은 해당 분야의 전문가가 오랜 시간 연구한 결과이기 때문에 공통적으로 보는 교과서 같은 책을 반드시 인용·참조한다.

 자신이 해당 분야 전문가가 아니라면, 논문 저자의 말을 100% 신뢰하는 것이 좋다. 눈에 보이지 않고, 당장 만날 수 없지만, 논문은 현실적으로 도움을 줄 수 있는 멘토 역할을 해주기 때문이다.

 논문 여러 편을 읽다 보면 반복되는 큰 흐름을 찾을 수 있다. 바로 이런 내용이 자신이 찾는 새로운 분야의 맥락이 된다. 이것을 통해 새로운 분야의 지식 체계를 빠르게 습득하고 정리할 수 있다. 논문을 분석해 보면, 교과서 같은 책은 2~3권 이내로 좁혀지는 경우가 많다. 논문을 보고 찾은 개념서는 새로운 분야를 이해하는데 시간적·효율적 측면에서 많은 도움을 준다.

새로운 영역의 콘텐츠 개발을 시작할 때, 먼저 논문을 찾아 개념을 잡고, 기본서를 바탕으로 뼈대를 잡는 게 가장 빠른 방법이다. 이 과정이 끝나면, 특별한 사례를 끼워 넣어 자기만의 색깔을 입힐 수 있다. 이것이 새로운 콘텐츠를 만드는 방법의 전부이다. (자기 생각이나 사례를 끼워 넣는 방법은 <사냥기술 ④ 짜깁기가 실력이라고?(142P)>를 참고하기 바란다.)

새로운 콘텐츠를 개발하는 것이 쉬운 일이 아니다. 하지만 이런 일을 즐기는 사람이 세상을 변화시킨다. 바로 일론 머스크 같은 개척자이다. 새로운 일도 자꾸 하다 보면, 자신감이 생기며 즐기게 된다.

공부도 요령이다. 요즘은 모든 것이 빠르게 변한다. 변화의 속도에 맞춰 지식 트렌드도 빠르게 바꿀 수 있어야 지식 생태계에서 포식자로 살아남을 수 있을 것이다.

📖 읽기

읽을 책은 1미터 이내에 둬라!

요즘 많은 사람이 인터넷 서점을 이용한다. 인터넷 서점은 편리한 점도 많지만, 책을 직접 보고 살 수 없다는 치명적 단점을 동시에 갖고 있다. 이런 약점을 극복하기 위해 도서관과 서점을 이용할 수 있다.

먼저 도서관부터 살펴보자.

도서관은 약간의 시간과 발품을 투자하면 공짜로 책을 빌릴 수 있는 곳이다. 게다가 절판 도서나 희귀본을 찾을 수도 있다.

일반적으로 많은 사람이 '도서관은 책을 빌려주는 곳'으로 생각한다. 하지만 도서관을 다른 관점에서 생각해 볼 필요가 있다.

도서관에서 빌린 책은 메모 같은 필기를 할 수 없기 때문에 독서에 집중할 수 없다.(일반적으로 소설 같은 문학류 제외) 물론 노트에 메모하면서 읽을 수 있겠지만, 이것은 상당히 번거로운 작업이며 효율도 떨어진다. 물론 도서관에서 빌린 책이라고 대충대충 읽을 수 없다. 시간과 발품이라는 대가를 이미 지불했기 때문이다.

 서점을 찾아가는 방법도 있다. 서점은 신간을 포함한 다양한 책을 볼 수 있는 장점이 있지만, 도서관과 달리 책을 가져올 때 돈을 지불해야 한다.
 간혹 서점에서 요령껏 고른 책이라도 마음에 들지 않을 때가 있다. 책 전체를 꼼꼼히 읽어보지 않고 구입했기 때문에 어쩔 수 없다.
 책을 좀 더 안전하게 선택하는 좋은 방법은 없을까?

이것에 대한 해결책으로 '훑어보기(Skimming)' 기술을 소개한다. 이 방법은 애들러의 <생각을 넓혀주는 독서법>에 있는 '훑어보기(Skimming)'와 비슷한 기술이지만, 목적이 다르다. 애들러는 훑어보기를 독서법으로 설명했지만, 필자는 책을 고르는 방법으로 바꾸었다. 독서법으로써 '훑어보기' 기술은 정독을 해야 하는 독자에게 위험할 수 있다.

● 책을 고르는 방법

① 속표지와 서문 보기

어떤 분야의 책인지, 무엇을 목적으로 썼는지, 어떤 독자를 대상으로 했는지, 주제에 대한 저자의 관점은 무엇인지 생각하며 재빨리 살핀다. 저자의 의도를 알 수 있는 가장 빠른 방법이다.

② 목차 보기

목차를 보면 책의 구조를 쉽게 알 수 있다. 여행을 떠나기 전에 미리 보는 지도와 비슷하다. 저자는 오랜 시간을 투자해서 목차를 만들기 때문에 반드시 읽어볼 필요가 있다. 목차를 보면, 책 전체 내용을 빠르게 파악할 수 있다.

③ 색인 보기

전문서적이나 비소설 분야의 책에는 대부분 색인이 있다. (요즘 색인이 사라지는 추세이다.) 색인에 있는 용어, 책, 참조한 저지를 미리 훑어볼 필요기 있다. 특히 중요해 보이는 색인을 찾아 본문을 읽어 보면, 책에서 중요하게 다루는 내용의 요점이 있을 수 있고, 저자의 가치관, 견해에 대한 실마리를 얻을 수 있다. 색인을 보면 저자의 전문성을 빠르게 파악할 수 있다.

④ 표지에 있는 광고문 보기

광고를 보는 순간, "100% 순수과장!"이라고 느낄 수 있다. 책의 광고문(표지, 띠지)은 저자가 출판사의 도움을 받아 쓰는 경우가 많다. 저자는 자신의 책에 있는 내용을 가능한 한 정확하게 요약한다. 출판사 광고가 별 볼 일 없어 보인다면, 책도 별 볼 일 없는 경우가 많다. 이런 광고는 맨 마지막에 보는 것이 좋다.

서점에서 책을 고를 때 이 방법을 사용하면 아주 효과적이다. 이렇게 하면 책 1권당 약 5~10분 정도가 소요

된다. 1시간에 6~12권 정도를 볼 수 있지만, 실제 그 보다 더 많은 책을 살필 수 있다.

 이 방법이 습관으로 자리 잡히면, 기준에 맞지 않는 책은 1~2분 안에 걸러낼 수 있다. 1시간 동안 좋은 책 2~3권만 찾아내더라도 대단한 이득이 아닌가? 100% 성공 보장은 없지만, 이 방법이 실패 가능성을 줄여준다는 것은 확실하다.

 같은 방법이라도 서점과 도서관은 차이가 있다. 도서관에서 책을 고를 때는 서점보다 더 자유롭게 선택할 수 있다. 실패해도 큰 부담이 없기 때문에 도서관에서는 조금 자유롭게 책을 골라도 좋다.

 만약 도서관에서 빌린 책이 좋다면, 어떻게 해야 할까? 필요한 책이라고 판단되면 반드시 구입해야 한다. 이런 책은 손에 닿을 만한 위치에 있어야 한다. 그래야만 언제든지 책을 꺼내 읽을 수 있고, 자기의 지식으로 만들 수 있다.

 하지만 많은 사람이 도서관에서 책을 빌리고 끝내는 경우가 많다. 필요할 때 다시 빌리면 된다고 생각하기 때문이다.

만약 좋은 아이디어가 떠올라 예전에 읽은 책이 떠올랐다고 가정해 보자. 그 순간 책을 펼치지 못한다면, 아이디어 하나가 날아갈 수 있다. 이것은 아이디어를 먹고 사는 콘텐츠 개발자에게 치명적인 손해가 된다.

 필요한 색은 곁에 두고 읽어야 할 때 읽어야 자기 지식으로 만들 수 있다. 책을 빠르고 정확하게 고르는 것도 콘텐츠 개발자에게 꼭 필요한 기술이다. 도서관은 책에 관한 정보와 책 구매에 대한 시행착오를 줄일 수 있게 도와주는 곳이지, 개인 서재가 아님을 잊지 말아야 한다.

> 읽기

집중력 200% 끌어올리는 방법

 책은 몰입해서 읽을 때, 가장 재미있고 효과적이다. 몰입하기 위해 집중력이 필요하지만, 이것은 말처럼 쉽지 않다.
 독서뿐 아니라 집중력은 모든 일에서 좋은 성과를 발휘할 수 있도록 도와준다. 특히 공부를 하거나 글을 쓸 때 집중력은 더욱 더 절실하다.
 집중력을 어떻게 끌어올릴 수 있을까? 이것을 위해 책을 찾아 보고, 여러 가지 실험도 해 보았다. 몇 년 동안 많은 시행착오를 거치며 확실한 방법 두 가지를 찾아냈다. 바로 백색소음과 휴식을 이용하는 방법이다.

● **백색소음**
 조용한 곳에서 공부가 잘 될 거라는 선입견 때문에 도서관을 찾곤 하지만, 생각만큼 집중이 잘 되지 않는다. 특히 도서관 자유 열람석에 몇 시간 있어 보면, 자리를 비우거나 휴게실에서 수다 떠는 사람을 자주 볼 수 있다. 점심시간이 지나면 코 골며 자는 사람도 종종 눈에 띈다.

요즘 카페에서 공부하는 사람이 많다. 혼잡하고 조용하지도 않은 커피숍에 왜 카공족(카페에서 공부하는 사람을 일컫는 줄임말)이 몰릴까?

바로 '백색소음'의 효과 때문이다. '백색소음'에는 시냇물 소리, 비 오는 소리, 파도 소리, 작은 대화 등이 해당한다. 백색소음은 집중력 강화, 기억력 향상, 스트레스 감소, 학습시간의 단축 효과 등이 있다.(백색소음 관련 앱이나 유튜브 동영상도 많다.)

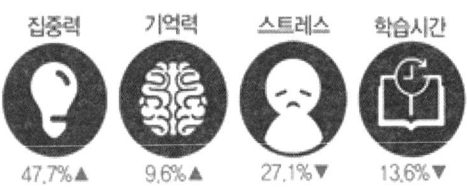

집에서 책을 보다가 잠이 오면 자연스럽게 소파로 이동한다. 그러다가 눈을 감는다. 하지만 커피숍은 다르다. 잠이 와도 타인의 시선을 의식하기 때문에 눈을 감을 수 없다. 환경이 주는 긴장감이 집중력을 높일 수 있도록 도와준다.

커피숍이 좋은 또 하나의 이유는 커피가 주는 효과를 누릴 수 있기 때문이다. 커피는 도파민을 분비하여 신경을 자극하고 알파파를 만들어 준다. 의학적으로 알파파는 심신이 안정된 상태, 두뇌활동이 활발하여 가장 공부가 잘되는 상태를 말한다. 특히 집중력, 기억력, 사고력이 최고로 향상되는 두뇌 상태를 만들어 주기 때문에 학습에 도움이 된다.

이와 비슷한 사례가 몇 가지 더 있다. 껌을 씹으면 해마(학습, 기억 및 새로운 것의 인식 등의 역할)에 혈류량이 증가하고 세로토닌의 분비가 촉진된다. 껌은 졸음을 쫓아 주기도 한다. 칼슘이 들어간 우유도 불안 해소, 긴장 완화, 기억력 향상에 도움을 준다.

이처럼 최상의 컨디션 유지를 위해 다양한 방법을 복합적으로 사용하는 것도 하나의 전략이다.

● 휴식

휴식을 적절히 사용하여 집중력을 끌어올릴 수 있다. 어떤 일이든지 집중력은 휴식과 밀접한 관계가 있기 때문이다.

일본 가노야 체육대학 교수인 고다마 미쓰오는 <잘되는 나를 만드는 최고의 습관>에서 집중과 휴식의 상관관계를 설명했다.

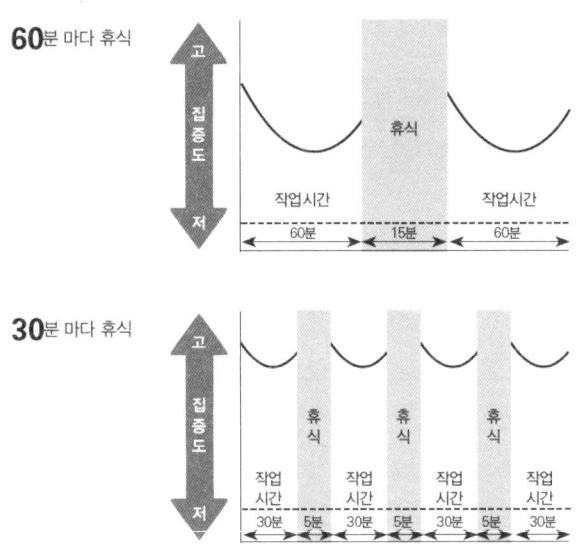

작업 시간을 60분과 30분으로 나누고 같은 일에 대한 집중력을 조사했다. 상단 그래프는 60분 일한 뒤 15분 휴식한 결과이고, 하단 그래프는 작업시간 30분마다 5

분 휴식한 결과이다. 두 그래프를 비교해 보면 휴식 시간이 같지만, 짧게 휴식을 자주 반복하는 것이 집중력을 더 끌어올려 준다는 것을 알 수 있다.

 미쓰오 교수는 "휴식도 잘게 쪼개면 집중력은 자연스럽게 높아진다."라는 결론을 제시했다. 물론 미쓰오 교수가 독서에 이 방법을 적용한 것은 아니므로 별도의 실험을 다시 해보았다. 여러 부류의 사람에게 30분 단위로 책을 읽게 하고 5분 정도 쉬는 것과 60분 읽고 10분 쉬는 것을 비교했다. 책 읽는 시간도 10분에서 60분까지 차등을 두면서 다양한 방법으로 실험했다.

※ 하루 60분 독서(집중력을 높이는 독서 방법)

20분 독서	5분 휴식	20분 독서	5분 휴식	20분 독서

 많은 실험을 통해 20~30분 독서와 5분 휴식을 반복하는 것이 가장 효과적이라는 결과가 나왔다. 짧게 읽고, 짧게 쉬는 것이 집중력을 더 높일 수 있는 최상의 독서법이었다.(책에 대한 기억, 이해, 정리, 끝까지 책을 읽을 확률 등)

이 방법을 시작할 때, 시간 배분이 중요하다. 처음에는 15분부터 시작하는 것이 좋다. 이렇게 하면서 5분 단위로 시간을 늘려 간다. 하지만 최대 30분을 넘지 말아야 한다.

초반 집중은 몰입에 도움을 준다. 초반 몰입에 성공하면, 책은 한 자리에서 끝낼 수 있다. 그래서 집중력을 높이는 훈련이 필요하다. 이런 즐거움이 지속해서 쌓이면 책과 친해지는 속도도 점점 빨라지며, 독서가 습관으로 정착하는 데 큰 도움이 된다.

● **뽀모도로 시계**

전용 타이머로 뽀모도로 시계를 권장한다. 뽀모로도 시계는 작업시간과 휴식시간을 반복 설정할 수 있다. 뽀모도로란 이탈리아어로 토마토를 뜻하며, 스파게티 면을 삶는 방법에서 이 원리를 찾아냈다고 한다.

토마토 모양으로 생긴 뽀모도로 시계를 구입해도 좋지만, 앱스토어에서 내려 받아 쓰는 것을 추천한다. 무료인 장점도 있지만, 시간을 자유롭게 설정할 수 있기 때문이다.

집중력을 올리는 두 가지 방법인 백색소음과 휴식에 대해 설명했다. 이것은 집중력을 올리는 데 탁월한 효과를 발휘한다. 또한 이 두 가지를 병행하면 집중력을 최상으로 유지할 수 있다.

  지금 이 글도 커피숍에서 썼다. 25분 쓰고 5분 쉬기를 몇 번 반복했다. 아마 한 시간 조금 더 걸린 것 같다. 최상의 집중력을 발휘했기 때문이 아닐까?

읽기 　 분석

책에서 무엇을 찾아야 할까?

> 또 다시 죄송합니다. 292번째 책이 나오려고 준비하고 있습니다.
> <아주 특별한 우리 형2>, 이 책은 참으로 역사가 깊습니다.
> 20년 전에 나온 뒤, 드디어 2탄이 나옵니다. 20년간 60만부가
> 판매되었고, 우리나라에서 장애 아동문학의 문을 연 효시가 되는
> 작품입니다. (이하 생략)
>
> - 2019. 11. 22. 고정욱 작가 -

페이스북에서 찾은 게시물이다. 고정욱 작가는 1년에 평균 10권 가량의 책을 출간한다. 왕성하게 활동하는 작가도 일 년에 두세 권 출간하는 게 일반적인데, 매년 이렇게 나온다는 게 놀라울 따름이다.

예전에 고정욱 작가를 만나 원고를 빨리 쓰는 방법을 물어보았다. 원리는 간단했다. 전체적인 원고 설계를 보며 입으로 얘기했다. 입에서 흘러나온 음성은 스마트폰 속으로 녹음되며 글자로 바뀌었다. 바로 구글 음성입력

기였다. 천천히 얘기했지만, 10분 녹음하면 원고지 30매가 나왔다. A4 용지로 계산하면 적어도 4장 이상이었다. 이런 식으로 한 시간 얘기하면 원고지 180매, 몇 시간 녹음하면 책 한 권 분량이 나왔다.

바로 앞에서 봤지만, 믿을 수 없었다. 이 방법을 익히면 누구나 편리하게 글을 쓸 수 있다는 생각이 들었다.

이제 이 방법으로 글쓰기를 가르친다. 결과가 빨리 나오기 때문에 수강생 만족도가 꽤 높다. 하지만 이렇게 글을 쓰기 위해 먼저 배워야 할 것이 있다. 바로 글의 구성 원리이다.

● 글의 구조(글의 구성 원리)

비문학 도서 한 권은 여러 장(chapter)과 수십 개의 꼭지로 구성되어 있다. 장을 구성하는 요소인 한 꼭지 글(원고지 30매 내외, A4지 3~4매)은 모두 3단 구성으로 이뤄진다. 바로 서론, 본론, 결론이다.(4·5단 구성은 3단 구성에서 본론 부분이 여러 개로 나눠진 변형 구조일 뿐이다.)

한 꼭지의 글이 어떻게 구성되는지 살펴보겠다.

	제목	
	화제문	
서론	리드문	
	사항의 예고	
	주장1	주장 + 근거
본론	주장2	주장 + 근거
	주장3	주장 + 근거
결론	마무리	

 가장 중요한 것이 본론이지만, 시작부터 본론을 꺼내면 누구도 좋아하지 않는다. 글을 읽게 만들기 위해서는 독자를 먼저 유혹해야 한다. 그래서 서론이 필요하다.
 먼저 서론이 어떻게 구성되는지 살펴보자.

	제목	매력적인 제목
	화제문	주의 끌기
서론	리드문	본론으로 유도하는 문장
	사항의 예고	본론의 분량 암시

 제목과 화제문은 주제와 관련 있다. 여기서 주제란, 글

쓰는 사람이 말하고 싶은 딱 한 마디를 의미한다. 이 한 마디를 좀 더 설득력 있게 전달하기 위해 본론이 존재한다.

 제목과 화제문은 조금 과장되고, 자극적이라도 좋다. 독자가 글에 관심을 가져야 본문을 읽기 때문이다. 리드문은 제목, 화제문을 본문으로 자연스럽게 이어주는 역할을 한다. 마지막에 있는 사항의 예고는 본론에서 다뤄야 할 주장이 몇 개인지 미리 알리는 역할을 한다. 독자가 글의 분량을 미리 예측하지 못하면, 답답함을 느낄 수 있고, 본론을 보기도 전에 글 읽는 것을 포기할 수 있다. 이것을 예방하기 위해 본론의 양을 알려주어야 한다.

 본론에는 주제를 설명하는 여러 주장이 담겨있다.

	주장1	주장 + 근거
본론	주장2	주장 + 근거
	주장3	주장 + 근거

 주장이 많은 것보다 주제를 작게 쪼개 2~3개 정도로 나누는 게 좋다. 주장에 따른 사례도 반드시 필요하다.

같은 주장이라도 사례가 있어야 쉽게 전달되고, 내용도 풍성하게 만들 수 있다. 사례는 다양하게 준비하는 게 좋다. 약한 사례, 강한 사례, 부정 사례로 구분하여 준비한다.

 마지막 결론은 본론에서 말한 주장을 모두 짧게 정리해 주는 역할을 한다. 마무리 할 때, 짧고 강력한 사례를 사용하는 것도 효과적이다.

 글에서 가장 중요한 것이 주제이다. 작가는 이 말을 하기 위해 여러 주장과 사례를 준비해서, 딱딱한 주제를 재미있고 읽기 편하게 만들어 준다. 주제, 주장, 사례가 준비되었다면, 입으로 글을 써도 좋다.
 설계도를 보며 입으로 말해본다. 표현이 세련되지 않지만, 주장과 사례가 명확하기 때문에 만족스러운 1차 결과물을 얻을 수 있다. 몇 번 연습하면서 녹음하다 보면, 매끄럽지 않은 부분을 자연스럽게 찾을 수 있다. 이런 곳을 수정하면서 한 꼭지의 원고를 완성시킨다. 수정할 때, 남에게 들려주면서 질문을 받고, 궁금한 것을 해결하는 것도 좋은 방법이다.

 글이 구성되는 원리를 간단히 설명했다. 이 방법을 왜 알아야할까? 이 책의 주제는 글쓰기가 아닌 정보추출이 아닌가?
 책(강의)이 어떻게 구성되는지 알게 되면, 자료를 추출하는 요령을 알 수 있기 때문이다. 이 원리를 알고 나면, 책을 보면서(또는 강의를 들으면서)도 주장과 사례를 바로 찾아낼 수 있다. 주제 파악도 쉬워진다.
 지식 콘텐츠! 이것의 결과는 글과 말이다. 커뮤니케이션의 원리를 이해하면 누구보다 더 쉽고 빠르게 콘텐츠를 체계적으로 분석할 수 있을 것이다.

사냥 기술 ③ 추출정보 설계 비법

🔍 분석 ┃ 설계

브레인스토밍이 마인드맵을 풍성하게 한다!

마인드맵은 사고를 확장해서 계획을 세우거나 정보나 지식을 정리할 때 아주 탁월한 도구이다. 하지만 웹서핑에서 찾은 여러 맵을 보면, 마인드맵이 그림 연습 도구로 전락된 것 같아 마음이 씁쓸하다.

마인드맵을 효과적으로 사용하기 위해 올바른 방법을 알아야 한다. 먼저 사고 확장에 대한 얘기부터 시작해보겠다.

마인드맵이 사고를 확장시켜주는 원리는 매우 간단하다. 예를 들어 "오늘 저녁에 무슨 음식을 할까?"라고 떠올리면, 몇 개 찾지 못하고 끝나는 경우가 대부분이다.

| 오늘 저녁에 뭘 먹지? | 불고기 | 잡채 | 버섯볶음 | 닭볶음탕 | 볶음밥 |

하지만 같은 질문이라도 몇 개의 주제(카테고리)로 먼저 나눈 뒤 생각하면 결과는 확실히 달라진다.

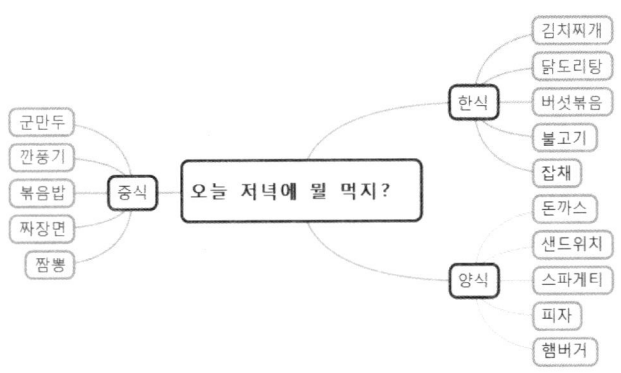

 두 번째 매핑을 보면, 하나의 주제에서 세 개의 분류로 나누고, 최종 단계에서 질문의 답이 되는 여러 단어가 나열되었다. 첫 번째 매핑보다 결과가 훨씬 더 많다.

 간단한 원리 같지만 마인드맵은 이런 방법으로 생각을 빠른 속도로 확장시켜 많은 결과를 도출 시킬 수 있고, 선택의 폭을 넓게 만들어 가장 좋은 답을 찾는 데 도움을 준다.

 마인드맵 사용자라면 이 정도 질문에는 누구나 쉽게 매핑할 수 있을 것이다. 하지만 문제는 조금 더 어려운 주제가 나왔을 때 발생한다.

예를 들어 '효과적인 SNS 마케팅'이라는 주제로 매핑해 보자. 생각만큼 많은 결과가 나오지 않을 뿐 아니라 전체적 흐름도 일관성을 찾기 힘들 것이다.

 난이도 있는 수제를 매핑하기 위해서는 먼저 브레인스토밍으로 시작해야 좋은 결과를 얻을 수 있다. 브레인스토밍은 뭔가를 찾기 위해 여러 아이디어를 생각나는 대로 마구 쏟아내는 방식이다.
'효과적인 SNS 마케팅'이라는 키워드로 브레인스토밍을 직접 해보았다.

광고	서비스	마케팅	페이스북	블로그
타겟층	유튜브	정보	수입	트렌드
흥미	성공	소통	모바일	브랜드
플랫폼	이벤트	팔로우	해시태그	인플루언서
식품	유통	매출	스토리	인스타그램
기획	계획			

 하나의 키워드를 가지고 27개의 작은 아이디어를 찾아냈다. 물론 100% 흡족한 결과는 아니다. 브레인스토밍의 특성상, 여러 아이디어를 생각나는 대로 마구 쏟아냈

기 때문에 한 번에 좋을 결과를 얻어낼 수 없다.

 1차 브레인스토밍 작업이 끝난 후, 여기서 분류의 주제(키워드)가 될 만한 아이디어를 골라내야 한다. 이 작업이 끝난 뒤, 브레인스토밍을 다시 시작한다. 2차 브레인스토밍 단계에서는 많은 생각을 쏟아내는 것도 좋지만, 1차 선별된 결과와 비슷한 부류의 키워드를 찾아내는 게 중요하다. 이것이 바로 매핑의 1차 분류 주제(키워드)가 되기 때문이다. 여러 번의 브레인스토밍을 거쳐 최종 5개의 키워드를 골라냈다.

| 마케팅 | 기획 | 타겟층 | 플랫폼 | 서비스 |

 최종 키워드를 골라낸 후, 마인드맵으로 매핑을 시작할 수 있다. 이렇게 골라낸 5개의 단어가 매핑의 1단계 키워드가 된다. 여기서 아래로 가지를 치면, 관련 아이디어가 체계적으로 쏟아져 나온다.

 낯선 키워드라도 이런 방식으로 매핑하면 의미 있는 결과를 이끌어 낼 수 있다. 매핑이 양·질적 측면에서 실패하는 이유는 제대로 된 키워드 선택에 실패했기 때문이다. 첫 단추를 잘못 끼우면 마지막 단추는 낄 구멍이 없다는 말처럼 키워드 선택에서 양·질적 문제가 생기면, 좋은 매핑 결과는 기대할 수 없다.

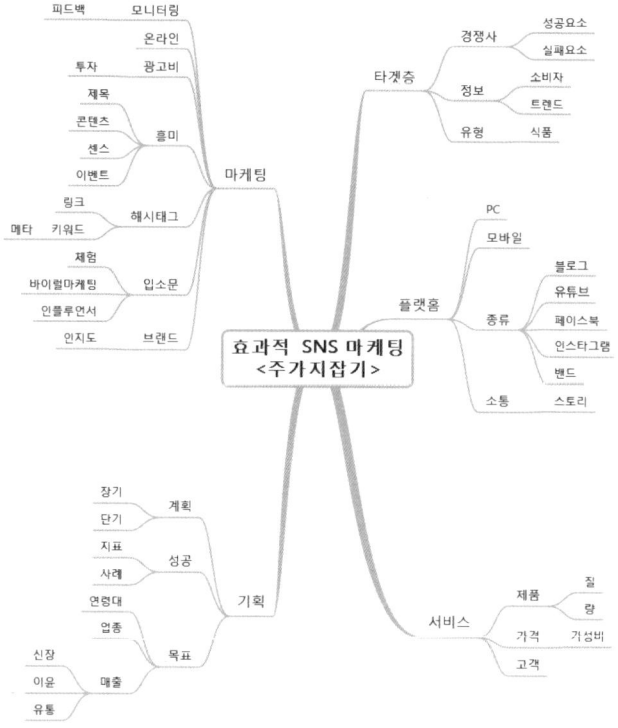

두 번째, 마인드맵으로 정보나 지식을 정리하는 방법이

다. 특히 이 부분에서 많은 매핑이 빛 좋은 개살구가 되고 만다. 내용은 없고, 겉만 뻔지르르하기 때문이다. 단어의 이미지화도 중요하지만, 본질은 저자의 의도 파악이 아닌가?

간혹 내용보다 시작하는 곳의 이미지에 너무 신경 쓴 나머지 매핑보다 그림을 더 강조한 경우도 종종 있다. 매핑을 예쁘게 만드는 것도 중요하지만, 마인드맵이 생각을 확장시켜주는 도구적인 측면에서 보면 이것은 아주 실망스러운 결과일 뿐 어떤 평가를 해줄 수 없는 상황이 되고 만다. 앞에서 "마인드맵이 그림 연습 도구로 전락된 것 같다."는 얘기도 이런 점 때문에 나온 말이다.

마인드맵의 3대 요소는 키워드, 구조화, 이미지화이다. 여기서 이미지화는 그림 그리는 것이 아니라 키워드의 구조화로 전체를 상상할 수 있도록 만드는 것을 의미한다. 마인드맵에서 이미지 삽입은 사족이 될 수 있다. 이미지는 매핑과 상관없는 별개의 디자인 요소로 생각하는 것이 좋다. 다시 한번 강조하지만, 매핑은 그리는 것이 아니라 작성하는 것이다.

책을 매핑할 때, 중요한 것은 저자의 생각과 의도이다.

책을 매핑한다는 것은 전체 내용의 압축을 의미한다. 다시 말해 매핑 결과를 보고 책 전체를 처음부터 끝까지 재현(복기)할 수 있다면, 매핑이 잘 된 것이다.

어떤 매핑을 보면, 책에 있는 단어나 문장을 그대로 가져오는 경우도 있다. 어쩌다 맞는 경우도 있지만, 대부분 저자의 생각에서 벗어나는 경우가 허다하다.

문장의 의도를 제대로 파악하지 못해 압축에 실패하거나 잘못 해석하는 경우도 자주 발생한다. 이런 오류는 책 읽기 능력과 비례한다. 단어와 문장을 가져올 때, 저자의 의도(주제)를 먼저 생각하고 키워드를 찾아야 매핑이 실패하지 않는다.

책을 매핑하기 위해 꾸준한 연습이 필요하다. 책 한 권을 정한 뒤 기간을 두고 단락별로 요약하는 연습이 효과적이다. 한 번에 한 장(chapter)씩 한 시간 정도가 적당하다. 예외적인 경우가 아니라면, 한 장(chapter)에서 작은 결론을 찾아낼 수 있기 때문이다. 정답은 책 맨 앞에 있는 목차이다. 매핑한 결과와 목차를 비교해보면, 얼마나 압축을 잘했는지 스스로 평가할 수 있다. 물론 100% 일치할 수 없다. 여기서 비교해야 할 대상은 매핑 결과 중에서 1단계, 2단계 수준까지의 내용이다. 목차와 1~2단계 수준의 내용이 비슷하면 제대로 매핑한 것으로 볼 수 있다. 더 아래 단계로 내려가면 주장과 사례가 적혀있기 때문에 이것은 무시해도 상관없다. 이 방법을 역으로 확장시키면 책 설계도 충분히 가능하다.

 마인드맵은 사고의 확장이나 지식을 정리·설계할 때 사용할 수 있는 훌륭한 전략적 도구이다. 원리는 아주 간단하지만, 효과는 기대 이상이다. 하지만 제대로 사용해야 효과를 발휘할 수 있다.
 마인드맵의 목적을 다시 한 번 생각해보자. 사고 확장이나 지식 정리가 목적이라면, 반드시 브레인스토밍과 병행하여 사용하는 것이 효과적이다. 꾸준한 연습도 필요하다. 이렇게 해야 마인드맵의 진정한 효과를 맛볼 수 있다.

🔍 분석 ─┼─ 설계

마인드맵의 3요소
- 왜 키워드, 구조화, 이미지화인가?

"표준전과를 살까? 동아전과를 살까?"

80년대 초등학교에 다닌 사람은 이런 고민을 한 번쯤 했을 것이다.

예전 교과서에는 사진보다 글이 더 많았다. 그러다 보니 읽어도 무슨 내용인지 쉽게 감잡을 수 없었다. 하지만 전과는 달랐다. 답답한 교과서에서 핵심을 뽑아주고, 중요한 곳은 별표와 번호까지 달아주었다. 시험에 나올 만한 내용은 여러 색으로 구분해서 박스로 표시했다. 한 마디로 요약 하나는 기똥찼다.

공부란, 핵심어를 뽑아내고, 전체적인 의미를 파악하고, 궁금한 것을 스스로 찾는 능동적 행위가 아닌가? 결국 교과서를 가지고 제대로 공부한 유일한 사람은 전과를 집필한 저자뿐이라 생각한다.

공부의 원리는 간단하다. 핵심어를 뽑아내고, 연관 의미를 파악하고, 오랫 동안 선명하게 기억하는 것이다. 이것을 조금 에둘러 말하면 마인드맵 3요소인 키워드, 구조화, 이미지화와 아주 흡사하다고 말할 수 있다. 어떤 유사성이 있는지 마인드맵 3요소를 보면서 하나씩 살펴보자.

① 키워드

20%가 80%를 대변한다는 '파레토 법칙'은 시간, 업무, 소득 등 여러 분야에 적용시킬 수 있다. 게다가 학습과 독서에도 파레토 법칙을 유용하게 사용할 수 있다.

책을 분석해보면, 중요한 내용은 20%를 넘지 않는다. 우리가 찾아낸 정보 중에서 핵심이 되는 20%만 찾아내면, 나머지 80%는 몰라도 책을 이해하는 데 상관없다. 물론 이 이야기는 비문학에만 해당한다.(<사냥기술 ② - 제대로 읽은 한 권이 백 권 보다 낫다(42P)>에서도 같은 얘기를 했다.) 책에서 찾아야 할 정보, 즉 20%에 해당하는 내용이 무엇일까? 우리는 책을 볼 때, 중요한 것과 중요하지 않은 것, 아는 것과 모르는 것을 나누지 않는다. 대부분 전체를 학습 대상으로 생각하고 공부하는 경향이 있다. 이런 공부의 결과는 보나마나 뻔하다. 늘 책상에 앉아 있는 듯하지만, 좋은 성적을 내지 못한다.

학습 효율이 떨어지는 이유 중 하나가 중요한 것과 모르는 것을 구분하지 않고 모두 학습 대상에 포함시켜 공부하기 때문이다.

대부분 열심히 노력하면 성적이 나아질 거라 생각하기 쉽다. 하지만 노력만큼 성적이 오르지 않는다. 공부 방법이 잘못되었기 때문이다.

학습 대상이 되는 것은 중요한 정보일 뿐 모르는 내용이 아니다. 물론 모르는 내용 중에서도 중요한 것이 있을 수 있지만, 이것을 구분하지 못하면 공부 시간이 늘어날 뿐이다. 이런 습관은 학습 효율을 떨어뜨린다.

중요한 정보를 어떻게 찾아야 할까? 이것은 바로 저자가 하고 싶은 얘기, 즉 주제어를 찾는 작업이다. 주제어는 보통 직설적 형태로 나타나지만, 여러 모습으로 변형하여 간접적·상징적으로 보일 수 있다. 게다가 주제어는 주제를 세분화 시킨 '주제 제시어'와 주제를 구체적으로 풀어낸 '사례'로도 나타난다. 이런 것을 정확히 구분할 수 있다면, 저자의 의도를 알아내는 것은 크게 어렵지 않다.

 어린 시절에 자주 했던 공깃돌 놀이를 떠올려보자. 넓은 바닥에서 공깃돌을 정확히 줍다가, 마지막에는 손등에 올라간 공깃돌을 모두 잡아 점수를 얻는다. 떨어뜨리면 점수는커녕 순서가 넘어가고, 다시 시도해야만 한다. 여기서 공깃돌을 서로 건드리지 않고 골라야 한다(획득한 공깃돌만큼 점수를 얻는)는 규칙이 바로 주제어(주제 제시어), 즉 키워드이다. 이것을 모르거나 무시하면 점수를 얻을 수 없는 것처럼, 정확한 주제어를 찾지 못하면 학습 효과를 제대로 올릴 수 없다.

책	마인드맵
주제	주가지
주제 제시어 + 사례	부가지, 세부가지

 책을 읽을 때처럼 마인드맵에서도 정확한 키워드 추출이 중요하다. 키워드를 잘 골라내면 이것만 보고도 전체 내용을 파악할 수 있다.(이미지화) 주제를 파악하는 행위는 저자가 하고 싶은 말을 깨닫는 의미가 되기 때문이다.

② 구조화

공부를 잘하는 사람과 정리를 잘하는 사람의 공통점이 있다. 어디 넣을지, 어디에 있는지 잘 안다는 사실이다.

마인드맵으로 찾은 키워드는 한 줄로 서있지 않다. 이것은 서로 관계를 이루며 여러 갈래로 퍼져있다. A는 B를 설명하고, B는 C의 부정사례(강한 긍정)인 경우도 있다. 이것을 한눈에 파악하려면 정리를 잘 해야 한다. 비슷한 것을 한군데 모아야 하고, 필요 없는 것은 버려야 한다. 이런 관계를 설정하는 과정이 바로 '구조화'이다.

구조화는 편집 과정과 아주 유사하다. 이어령과 도올 김용옥의 콘텐츠를 살펴보면, 자기 것이 없다는 공통점을 발견할 수 있다. 모두 남의 정보를 가져와서 자기 생각을 첨가하고 재해석했다. 이것이 바로 '선택과 결합', 즉 편집 고수의 최고 작품이다. 다른 사람의 저작물에서 찾아낸 키워드를 선택하고, 정보와 정보의 관계를 엮어주며 다른 개념으로 해석하고 결합하는 것이 바로 '구조화'이다. 결합 과정에서 자신의 주관적 생각이 들어가면 누가 봐도 인정할 수밖에 없는 새로운 콘텐츠가 탄생한다.

2019년 한 해를 휩쓴 책 <90년대생이 온다>를 보면, 편집의 중요성을 실감할 수 있다. 이 책의 저자 임홍택은 자신을 편집왕(editking)이라고 소개했다. 책을 살펴보면 진짜 편집의 끝판왕이라는 것을 인정할 수밖에 없다. 임홍택 작자는 수백 개의 자료에서 키워드를 찾아내 조합했지만, 특별하고 명확한 자기 색깔의 콘텐츠로 재구성했다. 이것이 바로 편집의 미학이요, 구조화의 결정판이다.

③ 이미지화

이미지화는 "그림이 그려지다.", "상상하다."는 의미이다. 그림을 잘 그린다는 의미가 아니다.

봄 날씨는 따뜻하다. 새싹이 돋고, 꽃이 피며, 나비가 날아다닌다. 이것을 마인드맵으로 매핑하기 위해 키워드를 먼저 찾아보자.

따뜻함, 새싹, 꽃, 나비

이런 키워드가 머릿속에 떠오를 것이다. 이미지화란, 이런 단어를 조합하며, 머릿속에서 아름다운 봄날의 풍경을 그려보고 상상하는 작업이다. 그림을 그리듯 사물을 떠올리는 것은 나무가 아닌 숲을 보는 거시적 관점으로 대상을 이해하는 행위이다.

 간혹 마인드맵으로 매핑을 하면서 진짜 나비와 꽃을 그리는 사람이 있다. 게다가 그림을 못 그리면, 마인드맵을 못한다고 핀잔을 준다. 이것은 마인드맵의 취지와 맞지 않은 큰 오류이며, 숲이 아닌 나무에 집중하여 이미지화에 실패할 수 있는 아주 위험한 행위이다.

 이미지화를 잘하려면 키워드 모두를 머릿속에 넣고 생생한 그림이 그려질 수 있도록 상상하고 또 상상해야 한다. 그러고 나서 이것을 상징할 수 있는 키워드로 끄집어내야 이미지화에 성공할 수 있다.

 마인드맵 요소인 키워드, 구조화, 이미지화에 대해 살펴보았다. 이 세 가지는 서로 우열을 가릴 수 없을 만큼 모두 중요하다. 이것이 어울려 조화를 이룰 때, 가장 좋은 마인드맵 결과를 얻어낼 수 있다. 정확한 키워드를 고르고 제대로 조합해야 구체적 이미지화가 가능하다. 키워드 하나가 잘못되면, 구조도 엉망이 되고 이미지화는 기대할 수 없다.

 이미지화가 잘 되었다는 뜻은 전체와 부분 모두를 완전히 이해했다는 것과 동일하다는 의미이며, 하나를 완벽히 이해하면 다음 단계로 쉽게 올라가며 새로운 창조도 가능해진다.

 레고 블록을 가지고 놀 때를 한번 떠올려 보자. 처음에는 설계도를 보고 부품을 하나씩 찾아가면서 조립한다. 이것은 제작자의 설계를 이해하려고 애쓰는 행위이다. 이것은 책에서 정확한 키워드(주제, 작가의 의도)를 찾아내는 것과 동일하다. 레고가 완성되고 나면, 보관보다 분해해서 다른 것을 만드는 과정으로 넘어간다. 흩어진 여러 모양의 레고 조각을 가지고 다른 조형물을 만들어 낼 수 있다. 세상에 없는 새로운 조형물의 탄생! 이것은 레고의 원리를 완전히 이해했고, 구조화를 통해 새로운 조형으로 이미지화했기 때문에 가능한 일이다.

 책도 마찬가지이다. 책을 많이 읽는 사람은 조형물을 많이 가진 것이 아니라, 책 속에서 찾은 수많은 레고 조각, 즉 키워드를 가진 셈이다. 이런 키워드가 많다면, 자신이 원하는 어떤 콘텐츠도 쉽게 만들 수 있다.

제대로 된 키워드 추출을 위해 텍스트 분석 훈련을 자주 해야 한다. 책을 꾸준히 분석하다 보면 저자의 의도를 빠르고 정확하게 파악할 수 있다. 꾸준히 훈련하다 보면, 언젠가 저자와 동등한 수준까지 올라갈 수 있다.

🔍 분석　🗒 설계

디지털마인드맵이 좋은 이유?

 톰크루즈 주연 <마이너리티 리포트[1]>에서 주인공은 허공에서 떠있는 홀로그램 자료를 마치 책상 위에 있는 서류처럼 움직이며 단서를 짜 맞춘다. 어떤 것은 버리고, 또 다른 것을 끼워 넣으며 복잡한 사건을 하나의 데이터로 합치며 추리를 이어간다. 여러 단서를 하나의 유효한 정보로 만들어가는 장면이다.

 톰크루즈가 허공에 떠있는 서류를 마음대로 움직일 수 있는 것은 VR(가상현실), AR(증강현실), 홀로그램 기술을 마음대로 쓸 수 있는 2054년이기 때문에 가능했을지도 모른다. 하지만 이런 기술이 없더라도 생각을 정리하고, 사건의 추리를 짜 맞추는 방법은 지금 현실에서도 충분히 가능하다. 바로 디지털마인드맵이 있기 때문이다.

 일반적으로 마인드맵은 '제2의 뇌'라는 손을 사용하여 끄적거리고, 색을 입히며 종이 위에 작성한다.(이후 디지털

1　2002년 개봉작/ 스티븐 스필버그 감독

마인드맵과 구분하기 위해 손을 사용하는 마인드맵을 '수기맵'으로 부르겠다.) 수기맵은 지면을 글과 색으로 채워가며 재미를 느낄 수 있지만, 가끔 난감한 상황에 직면하는 경우가 종종 있다. 키워드나 가지를 잘못 만들었든지, 방향을 잘못 잡았다고 생각할 때이다. '사랑을 쓰려거든 연필로 쓰세요'라는 노래 가사가 가슴 깊이 박히는 순간이다. 이럴 때는 처음부터 다시 시작해야 하는 수기맵의 치명적 단점을 누구도 피해나갈 수 없다. 이것은 노트 필기와 유사하다.

우리는 노트 필기에 익숙하지만, 다시 보는 경우는 많지 않다. 물론 다시 보는 경우도 간혹 있지만, 필기를 추가하거나 자료를 더 보탤 수 없다. 노트는 편집이 불가능하기 때문이다.

예전에는 설계할 때, 책상만한 종이에 삼각자와 T자로 선과 면을 긋고 입체화시켜 기계장치나 건물의 설계도를 그렸다. 선이 잘못되면 어떻게 했는가? 지우개로 지우고 처음부터 다시 작도했다. 하지만 요즘은 컴퓨터로 설계하기 때문에 이런 광경은 거의 찾아볼 수 없다.

디지털마인드맵은 수기맵에 비해 많은 장점을 가졌다. 작업을 하다가 수정해야 할 핵심어는 즉시 고칠 수 있고,

틀린 개념(키워드)은 다른 곳으로 즉시 이동할 수 있다. 생각의 흐름에 따라 개념을 이동하고, 쪼개고, 합치는 작업을 실시간으로 처리할 수 있다. 카드를 섞듯 다른 두 가지의 주제를 합치는 것도 매우 쉽다.

김정운 교수는 <에디톨러지>에서 카드의 장점 중 '편집 가능성'을 높이 평가했다.(이 내용은 <사냥기술 ④ 짜깁기가 실력이다(142P)>에서 설명했다. 미리 읽어보는 것을 권장한다.) 이런 '편집 가능성'은 디지털마인드맵에서 쉽게 구현할 수 있다. 또한 디지털마인드맵은 종이가 아니기 때문에 지면 제약이 없다. 간단한 작업에서 책 설계까지 방대한 작업도 충분히 해낼 수 있다. 이 책도 마인드맵으로 설계하고 만들었다. 마인드맵 목차를 보면 이 책의 구성 원리를 알 수 있을 것이다.

디지털마인드맵도 여러 프로그램이 있다. 어떤 디지털마인드맵 프로그램을 쓰는 게 좋을까? 오랜 시간 마인드맵을 사용하면서, 시중에 출시된 대부분의 마인드맵 툴을 써보았다. 가성비, 편의성 등 여러 측면을 고려해볼 때, '알마인드'를 강력히 추천한다.

이것을 추천하는 첫 번째 이유는 무료라는 점이다. 두 번째는 많은 프로그램 중에서도 마인드맵 요소를 잘 구현했다는 점이다. 특히 생각의 흐름에 맞춰 빠르게 표현할 수 있다는 것이 탁월한 장점이다. 마지막으로 편리한 사용 방법을 꼽을 수 있다. 일반적인 오피스 프로그램을 사용해 보았다면, 짧은 시간에도 기본적인 사용법을 익힐 수 있다. 엔터, 스페이스, 방향키 정도만 사용하면 새 가지를 삽입하고, 하위 단계로 단숨에 가지를 치며 자유롭게 매핑할 수 있다.

 또한 드래그앤드랍 기능을 사용하여 상위개념에서 하위개념으로 이동이 가능하고, 다른 맵에 있는 개념을 끌어와 붙일 수 있다.

 디지털맵이 여러 편리함을 가졌지만, 수기맵 사용자가 쉽게 디지털로 이동하지 못하는 이유가 있다. 아마 감성 때문이 아닐까? 이런 부족함을 채우기 위해 간단한 기호, 그림 등을 삽입하면 부족하더라도 디지털에서 아날로그 감성을 맛볼 수 있다.

디지털맵을 사용하든, 수기맵을 사용하든 마인드맵은 마인드맵이다. 이것을 구분해서 사용하면 마인드맵의 효과를 극대화 시킬 수 있다.

마인드맵은 생각과 깊은 관련을 가진다. 생각을 확장시킬 수 있고, 생각을 편집할 수 있다. 이것은 새로운 콘텐츠의 씨앗이 된다.

생각을 맵으로 구성하고, 장(Chapter) 제목인 키워드를 만들고 아래에 작은 하위 가지를 만들 수 있다. 이렇게 순서를 매기며 만들다보면, 책의 목차처럼 콘텐츠의 큰 그림을 그릴 수 있다. 이것은 새로운 콘텐츠의 설계가 된다.

여기서 또 한 번 생각의 확장이 필요하다. 순서를 옮기고 생각을 추가하면서 확장·편집 과정을 맛볼 수 있다. 데이터의 해체, 재구성, 재구조화를 하다 보면 자기만의 콘텐츠를 완성할 수 있다. 새로운 콘텐츠의 탄생이다.

이런 점은 바인더와 매우 유사하지만, 사용 목적이 다르다. 마인드맵은 콘텐츠의 설계에 유리하고, 바인더는 자료 수집에 더 효과적이다. 물론 편집이라는 공통 분모가 콘텐츠 개발에 아주 매력적인 요소가 된다.

작은 생각을 콘텐츠로 키워나간다고 생각해보자. 콘텐츠가 꿈틀거리며 성장해가는 것에서 충분한 보람을 느낄 수 있으며 성취감을 맛볼 수 있다. A5, A4, A3 사이즈라는 종이가 가진 제한적 공간을 탈피해 무한의 공간으로 생각의 영역을 넓혀보자. 우리의 천재성을 무한 확장시켜주는 도구가 바로 디지털마인드맵이다.

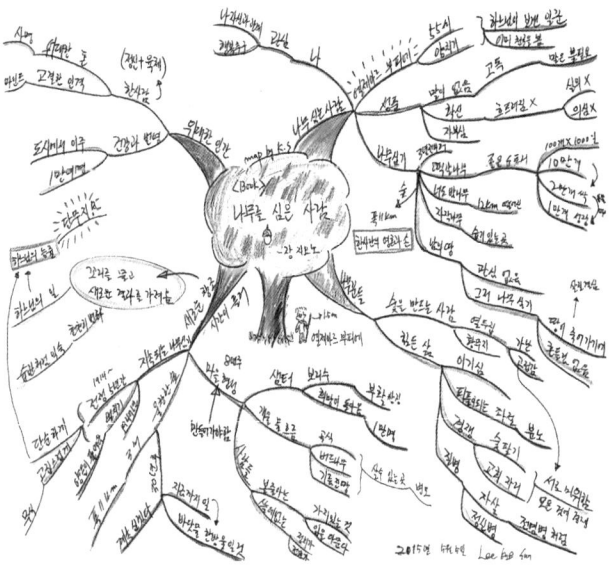

수기맵의 장점도 무시할 수 없다. 순간순간 정보를 모

을 때, 다른 사람의 대화 속에서 콘텐츠를 찾았을 때, 수기맵이 더 효율적이다. 자료 수집 관점에서 말한다면, 수기맵이 더 강력하다는 것을 인정할 수밖에 없다. 하지만 생각의 편집적 측면은 조금 다르다. 어느 정도 아이디어를 모았다면, 이것을 하나의 콘텐츠로 성장시킬 때 디지털마인드맵만큼 훌륭한 도구는 없다.

 당신의 콘텐츠를 만들기 위해 수기맵을 연료로, 디지털맵은 엔진으로, 바인더를 동체로 사용하여 무한 확장, 무한 상상 속으로 창조적 여행을 떠나보기 바란다.

🔍 분석　🔳 설계

마인드맵으로 콘텐츠 설계하기

 책을 분석해서 매핑하면, 목차가 나온다. 흥미로운 결과가 아닌가? 이 원리를 거꾸로 이용하면 원고 집필(강의 설계)이 가능하다.

 도서 매핑에 익숙해지면 책이 어떻게 구성되는지 구조 분석이 가능하다. 이런 원리를 알게 되면 쓰고 싶은 책을 직접 설계할 수 있다. 설계가 완벽하면 책 쓰는 것도 생각보다 간단하다.

 이렇게 말하면 말장난 같다며 손사래를 치는 사람도 있을 것이다. 그렇다면 과연 이 질문에도 같은 대답이 나올 수 있을까?

> 집을 보고 설계도를 그리는 것과 설계도를 보고 집을 짓는 것 중 어떤 것이 더 쉬울까?

이번에는 후자 쪽에 더 많은 사람이 손을 들 것이다. 비숱한 질문이지만 서로 다른 결과가 나오는 까닭이 무엇일까? 우리는 익숙한 것에 길들어있기 때문에 낯선 것에 불편을 느낀다.

 오랜 경험으로 볼 때, 마인드맵으로 책을 설계하면 원고 집필은 아주 수월해진다. 오히려 설계 없이 집필하다가 실패한 경우가 더 많았다. 처음에는 힘들고 따분할 수 있다. 설계하는 것에 익숙해지면, 원고 집필도 수월해진다.

 도서 매핑 결과와 책 목차를 자세히 살펴보자. 매핑 1단계 키워드 대부분이 책의 장(chapter) 제목이고, 2단계 키워드는 하나의 독립적 꼭지 제목이 된다. 3단계 이하는 2단계의 내용을 설명하는 본문, 즉 저자의 주장과 근거로 채워져 있다.

	1단계	2단계	3단계	4단계
책제목	1장	꼭지 제목	서론 본론 결론	주장+ 사례 주장+ 사례 주장+ 사례

		꼭지 제목	서론 본론 결론	주장+ 사례 주장+ 사례 주장+ 사례
	2장	⋮	⋮	⋮
	⋮	⋮	⋮	⋮
	⋮	⋮	⋮	⋮

비문학 도서 대부분 비슷한 구조를 취한다. 도서 매핑 결과는 책의 설계도와 매우 흡사한 형태를 지녔다.

이런 원리를 역으로 이용하면, 원고 집필도 가능하다. 도서 매핑에서 익힌 분석 능력을 바탕으로 책의 설계도를 만들면 된다. 즉 책을 매핑하면 목차가 되고, 설계를 바탕으로 원고를 집필하면 책이 되는 순환구조이다.

책 ↔ 분석(역설계) ↔ 설계도 ↔ 정보·생각

마인드맵을 사용하여 원고 쓰는 방법을 좀 더 알아보자.

원고를 쓸 때, 매핑 형식으로 1~2단계까지 먼저 설계한다. 장 제목(chapter)과 꼭지 제목이 완성되었다면, 여기서 전체적 흐름을 살펴보고 부족한 내용을 추가한다.

이 단계는 일종의 브레인스토밍 과정과 유사하다. 정밀분석보다 많은 내용을 추가하는 것에 초점을 맞춰야 하기 때문이다. 이 과정이 끝난 후, 3단계 내용을 구성한다. 3~4단계에서는 작은 꼭지에 맞춰 주장과 근거(사례)가 들어간다. 여기까지가 1차 설계의 완성이다.

 이제부터 좀 더 세밀한 작업에 들어가야 한다. 1차 설계가 끝난 후 바로 세밀한 작업에 들어가는 것보다 여유를 두고 시작하는 것이 좋다.

 1차 설계가 조금 편했다면, 이번에는 작은 묘목이 큰 나무로 성장할 수 있도록 세심하게 다듬어 줘야 한다. 2차 설계과정은 가지치기[1]와 아주 유사하다.

 가지치기의 원리를 간단하게 알아보자.

 가지를 칠 때는 원가지(주지)와 덧원가지(부주지), 곁가지, 결과지 간의 관계를 확실히 유지해야 한다. 나무의 입체공간을 충분히 활용하기 위해서 가지 종류별로 긴 삼각형 모양이 될 수 있도록 길이와 세력을 조절한다. 가지를 과도하게 쳐버리면, 웃자라는 가지(웃자람 가지)가 생긴다. 이럴 때는 또 다시 가지치기해야 하는 악순환이 발생한다.

---

1 농민신문 〈2016.2〉

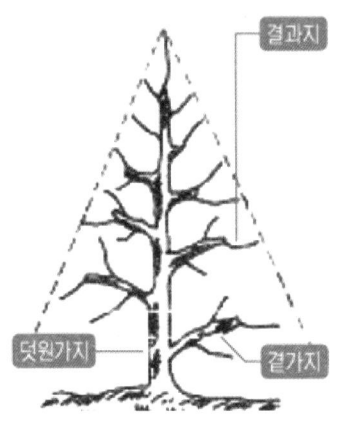

가지치기할 곁가지를 선택 시, 착과까지 생각한다. 처음 계획한 나무 모양에서 벗어나면 안 된다. 가지치기에서 중요한 것은 곁가지 선택이다. 곁가지는 생장이 왕성하기 때문에 웃자라는 가지(웃자람가지)가 많이 생긴다. 가지칠 때부터 착과를 고려하지 않으면 햇빛이 잘 들지 않는다.

 마인드맵으로 책 설계를 할 때와 나무 가지 치는 방법이 너무 닮았다. 바로 이 원리를 2단계 설계 방법으로 사용할 수 있다.

나무 가지 치기	마인드맵
원가지, 덧원가지, 곁가지, 결과지 간의 관계를 확실히 유지	제목, 장 제목, 꼭지 제목 간의 관계를 확실히 유지

나무의 입체공간을 충분히 활용하기 위해 긴 삼각형 모양이 될 수 있도록 가지친다	제목 - 장 제목 꼭지의 분량을 서로 균형감 있게 설계하여 긴 삼각형 모양을 만든다
잘라낼 곁가지를 선택할 때, 열매가 잘 맺힐 수 있도록 고려	주제에 벗어나는 가지를 잘라, 저자의 생각(열매)이 드러날 수 있도록 만듦
처음 계획한 나무 모양에서 벗어나면 안 된다	일관성을 유지할 수 있도록 주제에 맞게 설계하고 집필한다

좋은 결실을 위해 가지치기하듯 주장이 잘 드러날 수 있도록 전체적으로 꼼꼼히 살펴보는 것이 중요하다.

- 전체적 흐름이 일관성 있게 목적지에 도달하는가?
- 주제에 벗어나는 사족은 없는가?
- 주장이 약한 곳은 어떻게 보충해야 할까?
- 중복된 내용이 없는가?

이런 질문을 던지며 여러 항목을 분석해야 한다. 이 과정은 시간을 두고 몇 번 반복하는 것이 좋다.

책 설계를 잘 하려면, 도서 매핑 연습을 자주 해야만 한다. 도서 매핑과 책 설계는 같은 원리로 서로 순환되는 구조이기 때문이다.

 강연 또는 동영상 강의 매핑도 큰 효과를 볼 수 있다. 강의 콘텐츠 설계 역시 책과 다르지 않다. 책을 쓰는 것과 강의를 하는 것은 내용면에서 동일하다. 책은 활자화된 글로 표현하는 것이고, 강의는 입으로 말하는 차이가 있을 뿐 본질적인 면에서 다르지 않다. 결국 좋은 강의가 책이 되고, 좋은 책이 강의가 된다.

 마인드맵은 멋지고 편리한 도구이다. 사고를 확장시켜 계획을 세우거나 정보나 지식을 정리할 때도 사용할 수 있다. 강의콘텐츠 제작을 위한 설계도 가능하다. 초등학생에서 콘텐츠 개발자까지 누가 써도 최고의 결과를 낼 수 있다. 이런 도구를 활용하여 당신만의 콘텐츠를 만들어 보기 바란다. 어떤 도구이든 자신의 능력에 따라 가치가 달라질 뿐이다.

[마인드맵 실습예제]

활력과 에너지를 공급하는 컬러, Red [1]

 붉은색은 감각과 열정을 자극한다. 이것은 에너지, 생명력, 흥분과 밀접한 관계를 가지기 때문이다. Red! 이 색이 우리 생활에서 어떤 역할을 하는지 간단히 살펴보자.

● 에너지를 생산하는 레드

 빨간색의 자극적인 강렬함은 식욕을 돋게 한다. 산뜻한 빨간색은 새콤달콤한 느낌을 갖게 하여 음식을 한결 맛깔스럽게 만든다. 붉은색 음식에는 빨간 고추, 체리, 포도주, 로즈마리, 석류, 피망, 토마토, 딸기, 사과 등이 있다. 붉은색은 하얀색, 초록과 잘 어울리며 음식을 한층 더 돋보이게 만든다.

 컬러테라피에서도 붉은색을 사용한다. 붉은색은 생명에 활력과 에너지를 공급하고, 활동을 촉진시킨다. 아드레날린을 왕성하게 분비시켜 혈액순환을 원활하게 하

---

[1] 〈색깔의 수수께끼/서프라이즈정보/비체〉에서 본문을 일부 인용하여 재편집하였다

고, 헤모글로빈이 생성될 수 있도록 도와준다. 또한 상처를 완화시켜주고, 감기, 빈혈, 저혈압 환자에게 힘을 공급해주는 역할을 해준다.

심리적인 변화가 일어날 때 인체는 에너지를 받고 싶은 충동을 느낀다. 그럴 때 붉은색을 통해 신체를 변화시키고, 에너지를 얻을 수 있다. 힘들고 지칠 때, 붉은색 옷을 입으면 활기찬 모습의 자신을 발견할 수 있다.

● 고객의 시선을 사로잡는 Red!

마케팅에서도 에너지와 힘을 상징하며 인기 있는 색상이다. 붉은 계열의 색상은 광고에 적합한 컬러로 열정적이고 공격적인 마케팅을 위해 주로 사용한다. 소비심리를 자극하는 데 효과가 있다.

'레드 마케팅'은 소비자가 의식하지 못하는 사이 기업 마케팅의 핵심이 되었다. 글로벌 기업은 빠른 변화와 치열한 경쟁의 세계에서 살아남기 위해 CI·BI에 적극적으로 붉은색을 사용한다. 국내 10대 대기업 가운데 SK, LG, 롯데, 신세계, 한화 등이 전략적으로 레드를 사용했다. 광고, 제품, 기획, 인테리어 등 다양한 분야에 붉은색을 활용하여 소비자의 시선을 끌고 기업 인지도를 높였다. 특히 개성 있고 고급스러운 이미지 덕분에 생활용품, 전자제품, 가전제품, 인테리어 소품 등에 붉은색을 적용하는 사례가 늘어났다. 이것은 붉은색이 다른 색상에 비해 선명하고 눈에 잘 띄어 고객의 시선을 한눈에 끄는 효과가 뛰어나기 때문이다.

 모든 사람의 시선을 사로잡는 활기찬 Red! 사람을 변화시키고, 기업을 바꾸는 붉은색은 세상을 변화시키는 마법의 색상이 아닐까?
 지금 당장 옷장 속에 있는 붉은 티셔츠를 꺼내 입고, 세상을 위해 힘찬 발걸음을 내딛어 보자!

예제 1 <활력과 에너지를 공급하는 컬러, Red>를 읽고 키워드를 골라 적어본다

예제 2 <활력과 에너지를 공급하는 컬러, Red>를 읽고 구조화, 이미지화를 통해 마인드맵을 완성해 본다

예제 3 우측 QR코드 동영상을 보고 마인드맵을 완성해 본다

한국인 행복지수 118위… '오른과 옳은'

예제 4 우측 QR코드 동영상을 보고 마인드맵을 완성해 본다

세바시 653회 - 정해진 미래, 인구학이 말하는 10년 후 한국, 그리고 생존전략

결과를 이메일(wizsuni@naver.com)로 보내주시면 회신해 드립니다.

사냥 기술 ④ 추출정보의 보관 방법

✏️ 필기 📖 읽기

대학노트의 비밀 - 코넬 노트

 학습 성과를 내는 방법으로 노트 필기법을 소개한다. 이것은 지식을 다루는 영역에서 매우 중요하기 때문이다.

 필기, 메모는 학습 성과를 좌우하는 핵심 기술 중 하나이다. 필기법 중에서 코넬 노트 필기법을 추천한다. 이 방법은 카드, 바인더 속을 채울 노트에 대한 구체적 활용법으로 사용하면 좋다.(필기와 관련된 내용은 뒤에 나올 <사냥 기술 ④ 짜깁기가 실력이라고?(142P)>에서 자세히 설명했고, 카드 대신 바인더를 사용하라고 강조했다. 하지만 여기서는 구체적인 필기 방법을 얘기하지 않았다.)

 코넬 노트 필기법은 전 세계적으로 이미 검증 받은 방법이다. 지금 이 글을 읽는 사람 대부분 코넬 노트를 써보았을 것이다. 하지만 코넬 노트가 어떤 형태인지 대부분 모른다. 코넬 노트는 일반적인 대학 노트와 형태가 똑같다. 왼쪽을 가르는 긴 세로줄, 여러 개의 가로줄이 노트의 전부이다.

코넬 노트필 기법은 1960년대 미국 아이비리그의 명문 대학인 코넬 대학교의 월터 포크(Walter Pauk) 교수가 학습 효과를 높이기 위해 고안하였다. 코넬 노트 필기법은 논리적이면서 기억하기 쉽게 만든 학습 시스템이며, 보다 체계적인 노트 정리의 습관을 기를 수 있는 방법이다. 평범한 노트처럼 보이지만, 정확한 사용법을 지켜야 효과를 볼 수 있다.

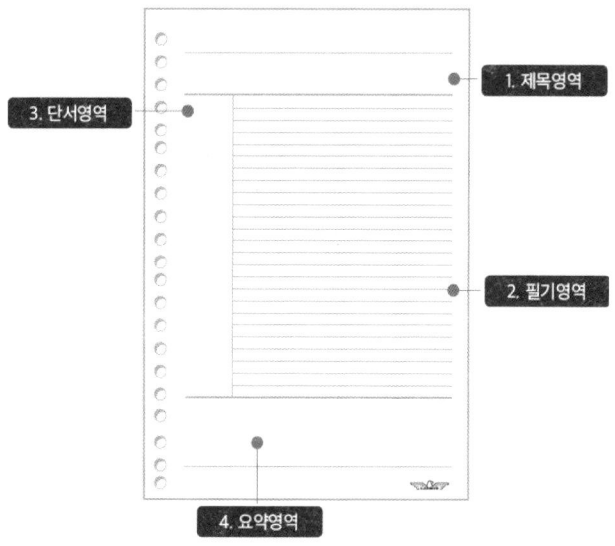

코넬 노트는 4부분으로 영역을 나눈다.

① **제목 영역** 해당 날짜, 학습 목표, 학습 주제(대단원, 소단원)를 적는나.

② **필기 영역** 중요한 내용을 간단·명료하게 필기한다. 추가 내용을 여백에 적을 수 있도록 문장과 문장 사이를 넓게 한다. 필기할 때, 3색 펜을 쓰면 효과적이다. 빨간색은 중요한 것, 파란색은 의문 등으로 구분하여 표기한다.

③ **단서 영역** 복습할 때 사용하는 영역이다. 필기 영역을 보며 중요한 키워드로 단답식 질문을 만든다. 그러고 난 후, 필기 영역을 가리고 스스로 질문해 본다. 모르는 항목을 체크하고, 보충 내용을 필기 영역에 추가한다.

④ **요약 영역** 전체를 요약할 수 있는 문장을 2~3줄로 정리한다. 요약 정리가 잘 되어 있다면, 이곳을 훑는 것만으로도 효과적 학습이 가능하다.

이렇게 노트 정리를 하고 학습을 하면, 단순한 암기가 아닌 이해 중심의 공부가 가능하다. 특히 <필기 영역>을 채운 뒤, <단서 영역>을 만들기 위해 스스로 생각하고 정리하는 과정에서 사고력, 응용력이 자연스럽게 향상한다.

 결과적으로 코넬 노트는 학습에서 핵심 추출(핵심어), 개념 이해(구조화), 암기(이미지화)까지 모든 과정을 스스로 수행하며 학습의 효과를 극대화 시키는 방법이다.

● **독서 후 요약정리 방법**

 여기서 조금 더 자세히 살펴볼 부분이 있다. 책을 읽고 난 후, 내용 정리할 때 필요한 방법이다.

 독서할 때 노트에 메모하면, 주의가 산만해져 집중력이 떨어진다. 이것을 방지하기 위해 도서 요약은 책 속에 직접 표기하는 방법을 권장한다.

 먼저 펜을 준비한다. 빨간 펜 또는 빨간 색이 들어간 3색 펜이 좋다. 책을 읽으면서 아래와 같은 흔적을 책 속에 반드시 남긴다.

① **밑줄 긋기** 중요하거나 강조하는 문장에 밑줄 친다.

② **옆줄 긋기** 밑줄 친 부분을 강조하거나, 줄 치고 싶은 부분이 길 때 옆에 줄을 긋는다.

③ **중요 표시, 별표, 네모 박스** 중요한 부분을 강조할 때 사용한다. 이런 곳은 한 쪽 끝을 접거나[1] 메모지를 붙여 표시한다. 문장을 읽으면서 중요한 문구(키워드)는 네모 박스를 친다. 네모 박스는 중요도에 따라 색으로 구분한다.

④ **여백에 숫자 쓰기** 여러 내용이 나열될 때, 숫자로 표기한다.

⑤ **다른 페이지 숫자 써넣기** 관련 내용의 페이지 숫자를 표시한다. 흩어진 내용을 연결하는 데 도움된다.

⑥ **동그라미 치기** 밑줄 긋기와 비슷한 기능이다. 주제어(핵심 단어)나 주요 문단에 동그라미를 친다. 중요도에 따라 색으로 구분할 수 있다.

---

[1] 책장 접은 곳을 '도그이어(Dog ear)', '귀접기'라 부른다

책 여백에 이런 흔적을 반드시 남긴 후, 노트에 옮겨 적는다.

코넬 노트로 옮길 때도 요령이 있다. 책을 끝까지 읽고 정리하는 것이 아니라 한 꼭지씩 읽은 후 노트에 옮기는 방법이다. 그러고 나서 다음 꼭지 내용을 읽는다. 이런 식으로 반복하면서 마지막까지 읽고 정리한다.

노트 정리가 완전히 끝나면, 같은 내용을 컴퓨터에 옮겨 저장한다. 정리된 파일은 출력해서 바인더에 보관한다. 출력된 인쇄물은 손으로 적은 것보다 훨씬 깔끔하다.

얼핏 보면 조금 귀찮게 느껴질 수 있다. 하지만 이렇게 정리가 끝나면 더 이상 책을 보지 않아도 대부분의 내용을 암기할 수 있다. 조금 과장된 얘기로 들릴 수 있지만, 이것은 사실이며 과학적으로 근거 없는 얘기도 아니다.

에빙하우스 망각곡선을 보면 기억력에도 유통기간이 있음을 알 수 있다.

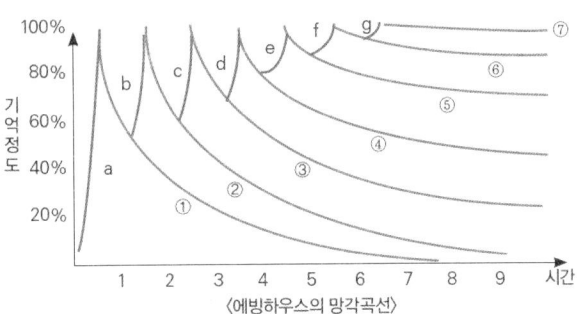

〈에빙하우스의 망각곡선〉

①②…은 망각곡선이고, a, b, c…는 학습 곡선이다. 3시간이 지나면 기억은 20% 정도만 남지만, 재학습을 통해 기억력이 다시 올라간다. 특히 7번 이상 재학습할 경우, 기억력 손실이 거의 없음을 알 수 있다.

이런 식으로 책을 읽고 노트에 정리를 했다면, 적어도 2번 이상 책을 보았을 것이다.(실제 3~4번 이상 책을 볼 수도 있다.) 요약 정리가 한 번에 가능한 사람은 많지 않다. 게다가 이해하지 못하면 요약은 불가능하기 때문이다.

코넬노트를 정리하면서 재학습이 또 발생한다. 코넬노트의 <단서 영역>을 채우기 위해 반복 학습을 해야 한다. 시간이 꽤 길어질 것 같지만, 예상만큼 오래 걸리지 않는다. <요약 영역>을 정리할 때도 반복이 일어난다. 이렇게 하다보면, 재학습 횟수 7번 이상을 저절로 채울 수 있다. 7번 이상 재학습을 하면 기억은 아주 오랫동안 유지된다.

 책 한 권을 이렇게 읽으면, 다른 사람보다 조금 더 오래 걸릴 수 있다. 하지만 두 번 보는 일이 줄어든다. 대부분 기억하거나, 바인더 속에 정리되어 있기 때문이다. 물론 모든 책을 이런 식으로 봐야 하는 것은 아니다. 중요하게 봐야 하는 책, 내용 전부를 기억하면 좋은 책만 이 방법을 권장한다.

> 수집 | 설계

A4 백 장을 어떻게 써요?

글을 쓸 때, 원고 분량이 정해져 있을까?

일반적으로 분량 얘기는 공모전에 자주 등장한다. 공모전 요강을 보면 장르마다 정해진 분량이 있다.

공모부문 및 당선작 원고료		
부문	분량	상금
단편소설	70장 안팎	500만원
시	3편 이상	300만원
시조	3편 이상	300만원
아동문학(동화)	20장 안팎	200만원
아동문학(동시)	3편 이상	200만원
희곡	80장 안팎	300만원

※ 200자 원고지 기준. 컴퓨터 원고는 반드시 A4용지로 출력

분량을 미리 정한다는 것이 조금 웃기는 발상이다. 분량이라는 족쇄가 창작의 자유를 서둘러 막았기 때문이다. 개인적으로 "할 말을 다 했다면 마침표를 찍는 게 옳다."고 생각한다. 몇 문장으로 끝내든, 수천 장을 쓰든 이것은 글쓰는 사람 마음이 아닐까?

아이러니한 것은 많은 사람이 이런 제약을 더 편하게 느낀다는 사실이다. 오히려 자유를 주면 불편하게 생각하는 경우를 자주 보았다.

주변에 책을 쓰고 싶어하는 사람이 많다. 대부분 취미, 교양, 인문, 자기계발 등의 책을 쓰려고 한다. 사실 이런 비문학 장르도 쓸 만큼 쓰고, 원고를 끝내면 그만이다. 하지만 현실은 그렇지 않다. 이런 분야는 공모전처럼 분량을 정해주지 않기 때문에 오히려 많은 사람이 불편을 느낀다. 출판사 홈페이지에도 분량을 알려주지 않는다. 결국 물어 볼 사람은 이것을 미리 경험한 작가밖에 없다.

"책을 쓰려면 도대체 A4 몇 장을 써야 해요?"

이런 질문을 꽤 자주 받는다.

정확히 말해 책 한 권이 될 만한 분량을 쓰면 된다. 하지만 이렇게 말하면 상대방의 표정이 굳어진다. A4 몇 장인지 구체적으로 말해주기를 원하기 때문이다.

출간되는 단행본은 판매가 목적이기 때문에 적절한 분량을 요구한다. 출판 유통 구조상 대부분의 책값은 11,200원 이상이다.(10% 할인 후 만 원 이상 될 때, 무료배송이 가능한 유통 구조) 이 금액에 맞게 적절한 두께의 책을 만들려면, A4 용지 약 100매 정도가 되어야 한다. 이 정도 분량이면 일반적 책 형태인 신국판(152 × 225mm) 크기의 단행본 한 권(200P 내외)을 만들 수 있다.(한글 워드 기준으로 글자 크기는 10포인트, 줄 간격은 200%이다.)

책 한 권을 구성하는 두꺼운 원고는 여러 개의 장과 수십 개의 꼭지로 나눠져 있다.(이 내용은 <사냥기술 ③ 마인드맵으로 콘텐츠 설계하기(102P)>에서 책 설계가 어떻게 이루어지는지 자세히 설명했다.)

여러 장에 걸쳐 40개의 꼭지로 계획했다면, 한 꼭지는 A4 용지로 평균 2.5매 정도를 써야 한다. 여기서 한 꼭지는 서론, 본론, 결론으로 나누고, 각 단계별로 세부적인 주장과 사례로 구성한다.

책 전체를 분석하면 작가의 주장은 그렇게 많지 않다. 큰 주제와 세부 장마다의 소주제가 전부이다. 이것도 하나의 큰 주제를 설명하기 위해 여러 장과 여러 꼭지로 나눠 사용했을 뿐이다.

책 = 주제(소주제 + 소주제 + ……) + (사례 + 사례 + 사례 + 사례 + ……)

책 전체에서 사용한 주제 문장을 뽑아보면, A4 몇 장밖에 되지 않는다. 오히려 사례가 99%를 차지할 만큼 큰 비중을 차지한다. 그렇다면 99%를 차지하는 수많은 사례는 사족(蛇足)일까? 그렇지 않다.

<트렌드코리아 2020>에 나오는 <업글인간>을 먼저 읽어보자.

업글인간

① 1만2천 명의 사람들이 하나의 목표에 도전했다. 바로 '하루 한 번 하늘 보기', 도전에 참여하는 사람들은 2주 동안 카메라의 앵글이 하늘로 꽉 찬 사진을 찍어 올려야 한다. 창문에 가려지면 실격이다. 누가 시킨 것도 아닌데 자발적으로 도전에 참여하기 위해 돈을 내고 습관 형성 프로젝트에 참여한다. '돈으로 의지를 산다'는 컨셉의 습관형성 애플리케이션 '챌린저스'에 올라오는 목표는 다양하다. 6시 기상 인증, 50일 안에 복근 만들기, 시 필사하기, 매주 영화 시청 후 감상평 쓰기 등 분야도 난이도도 모두 다르지만 이들이 원하는 것은 하나다. 바로 나 자신의 성장이다.

② 직장인이 일찍 퇴근하면 뭐가 하고 싶을까? 예전 같으면 일에 지친 몸과 마음을 달래기 위해 맥주 한 캔 손에 들고 TV를 보며 휴식하는 모습이 떠오를 것이다. 그런데 워라밸 열풍 이후 도심상권에 명암이 갈릴 정도로 한국 사회의 저녁 풍경이 바뀌었다.

많은 직장인들이 늘어난 여가 시간에 여유를 만끽하는 대신 집이 아닌 어딘가로 바쁘게 향한다. 책을 들고 카페로 향하는 사람, 러닝을 위해 한강변을 향하는 사람, 자기 채널에 올릴 영상을 찍기 위해 1인 크리에이터 전용 대여형 스튜디오로 향하는 사람, 일과 삶의 양적 균형을 찾은 사람들이 삶의 질적 변화를 꾀하고 있다. "하마터면 열심히 살 뻔했다"는 자조 섞인 분위기 속에서도 "열심히 사는 게 어때서?"라고 외치며 자신의 열정을 불태우는 신인류가 등장한 것이다.

③ 업그레이드upgrade는 원래 "한 단계 높이다"는 의미를 가진 말인데, 컴퓨터 소프트웨어의 버전을 높여 오류를 해결하고 성능을 향상 시킨다는 뜻으로도 쓰였다. 그런데 삶의 모든 부분을 개선하는 의미로 확산되면서 일상적인 용어가 됐다. 업그레이드의 한국식 준말인 '업글'은 네티즌 사이에서 무언가의 성능을 높이는 작업을 지칭할 때 흔하게 사용된다. 이에 『트렌드 코리아 2020』에서는 자기 자신을 업그레이드하기 위해 부단히 노력하는 사람들을 '업글인간'이라고 명명하고자 한다.

④ 업글인간이 자신을 위해 투자하는 모습은 자기계발의 연장선상에 있다. 하지만 내면에서부터 자신을 업그레이드하려는 이들의 자기계발은 이전의 '스펙 쌓기'와는 차원이 다른 기세가 느껴진다. 승진보다 자기계발의 성장을 추구하며 매일매일 진화를 꿈꾸는 업글인간이다. 패러다임이 변화하며 이들이 만들어가는 시장의 모습도 실시간 '업글' 중이다

- 트렌드코리아 2020 중에서 -

<업글인간>이라는 글에서도 ①, ②는 사례이고, ③은 단어의 정의, 주장은 ④가 된다. ④만 있어도 설명은 가능하다.

사례가 왜 필요할까? 형식적으로 글의 분량을 채울 목적도 있지만, 궁극적으로는 독자를 설득하기 위해서 사례가 효과적으로 사용되기 때문이다.

사례를 찾을 때, 독자를 미리 고려하는 것이 좋다. 같은 주장이라도 직업, 교육 정도, 성별, 지적 수준 등에 따라 사례가 달라진다. 독자를 정할 때, 범위를 좁히는 것도 중요하다. 취업준비생, 30대 직장인보다 초등학교 1학년 엄마, 중2 남학생처럼 독자의 범위를 좁히는 게 모든 면에서 유리하다.

이렇게 독자를 구분했다면, 찾은 사례 역시 항목별로 구분하여 보관해 두어야 한다.

● **사례의 기준**

① 통계 자료 숫자, 비율, 조사 기관, 조사 시점을 정확히 사용한다. 객관적인 근거는 상대방을 설득하며 믿음을 준다.

② **보도 자료** 언론사명(신문, 방송), 기사 내용 요점, 날짜 등을 보여준다. 근거 없는 가짜 뉴스도 많기 때문에 여러 매체를 통해 확인하는 절차를 미리 거쳐야 한다. 보도자료는 언론기관의 신뢰성과 밀접한 관련성을 가지기 때문에 같은 기사라도 언론사 선택을 신중하게 해야 한다.

③ **전문가의 말** 해당분야의 권위 있는 전문가의 말 한 마디가 엄청난 파급력을 줄 수 있다는 사실을 명심해야 한다.

④ **격언, 속담** 격언과 속담은 오랜 시간에 걸쳐 인류가 찾아낸 삶의 지혜이나. 이런 종류의 말은 많은 사람의 공감을 받겠지만, 설득의 효과는 조금 떨어질 수 있다.

⑤ **적당한 실제 사례** 자신의 경험이 가장 좋은 사례이며, 구체적으로 기술할 때 효과가 더 커진다. 이런 사례는 상대에게 믿음을 준다.

⑥ **사진** 백 마디 말보다 한 장의 사진이 더 효과적일 때가 있다. 많은 사람은 자기 눈으로 본 것을 의심하지 않기 때문이다.

같은 주제의 사례라도 다양하게 찾는 것이 좋다. 설득력이 강한 사례가 무조건 좋은 것이 아니다. 글의 흐름상 강약에 따라 설득의 힘이 달라지기 때문이다. 반대 사례도 필요하다. 부정의 부정은 강한 긍정의 효과를 주기 때문이다.

 객관적 사실 위주의 적절한 사례를 찾는 것도 중요하지만, 재미도 놓치면 안 된다. 흥미가 떨어지면 독자의 집중력이 떨어질 수 있다.

 사례를 찾을 때, 독자층을 분류하면서 다양하게 수집하는 것이 좋다. 책을 쓰기 위해 독자층을 미리 정했다 하더라도, 책이 출판된 다음 상황을 고려해야 하기 때문이다. 책은 독자층을 미리 설정해둘 수 있지만, 강연은 청중의 나이, 수준을 미리 예측할 수 없다.

 이런 방식으로 수집한다면, 시간이 갈수록 자료의 양이 늘어난다. 자료는 수집보다 정리가 중요하다. 필요할 때 찾을 수 없는 자료는 쓰레기와 다름없다. 자료 정리·보관은 바인더를 활용하는 것이 좋다. 특히 여러 주제를 동시에 수집하는 경우 바인더를 사용하면 자료의 분류가 매우 편리하다.

읽기　수집　설계

좋은 제목 수집하기

 독자가 책이나 글을 볼 때 가장 처음에 만나는 문장이 바로 제목이다. 낚이느냐, 낚이지 않느냐? 이것이 바로 첫 문장의 역할이자, 이 글을 읽느냐 마느냐 결정하는 중요 요소가 된다.

 요즘 독자는 성격이 급하다. 그래서 초반 승부가 중요하다. 제목은 1초, 시작 부분에서 1분 안에 승부내야 한다. 좋은 제목은 주제를 담아야 하고, 짧고 명확해야 하며, 한 눈에 반할만큼 매력적이고 가치가 있는 문장이어야 한다. 물론 강의도 다르지 않다.

 좋은 제목은 어떻게 만들어야 할까? 제목(책 제목, 장 제목, 꼭지 제목, 강의 제목)이 갖춰야 할 필수 요소에 대해 먼저 살펴보자.

● 좋은 제목이 갖춰야 할 필수 요소

① 적절한가?

전체 내용이 적절히 담겨 있어야 한다. 주제를 잘 녹여 필자의 의도가 제목에 암시되었다면 좋은 제목으로 볼 수 있다. 잘 만든 제목은 글(또는 강의)의 성격을 단번에 파악할 수 있다.

② 매력적인가?

제목만 보아도 읽고 싶은 글이 있다. 그렇다고 매력을 지나치게 의식해서 만든 과장된 제목은 자칫 독자를 농락할 수 있다. 이런 글을 읽고 난 독자는 "낚였다!"하며 투덜댄다. 글의 생명은 좋은 내용, 즉 진실에 바탕을 두어야 한다.

③ 간결한가?

제목은 짧으면 짧을수록 좋다. 전체 내용을 적절하게 요약해서 매력적인 문장으로 만드는 것은 쉽지 않다. 이런 경우 제목이 길어지기 일쑤이다. 주제목은 간결하게 만들고, 부제목에서 부연 설명을 보충하는 방법도 있다.

말이나 글은 반드시 대상이 있다. 말은 듣는 사람이 있기 때문에 혼자 떠들면 미친 사람 취급을 받는다. 글도 마찬가지이다. 글을 썼다면 누군가 읽게 만들어야 한다.

독자는 제목과 첫 문장을 보고 글을 읽어야 할지, 덮어야 할지 순간적으로 판단한다. 매력적인 제목과 끌리는 첫 문장이라 판단하면, 독자는 이어지는 내용도 자연스럽게 읽을 것이다. 장사도 호객행위가 중요하듯, 글도 다르지 않다. 그래서 초반 승부가 중요하다. 독자를 유혹하기 위한 방법으로 매력적인 문장을 사용하여 제목을 만들어야 한다.

베스트셀러를 살펴보면 제목이 짧고 명확하다는 공통점이 있다. 게다가 매력적이다. 긴 문장을 짧고 정확하게 줄이기는 쉽지 않다. 작가가 가장 오랫동안 고민하는 부분 중 하나가 바로 제목이다. 제목은 내용 전부를 담아야 한다. 그것도 가장 짧고 매력적으로 만들어야 한다. 짧으면서도 의미가 함축적이고 매력적인 제목을 만들려면 어떻게 해야 할까?

여기서 매력적이라는 뜻은 문학성, 예술성 관점이 아니다. 물론 글의 성격에 따라 문학성, 예술성도 중요하지만, 그래도 독자를 먼저 잡는 게 중요하다. 글을 읽어야 예술성, 문학성도 보여줄 수 있기 때문이다.

독자의 마음을 잡기 위한 광고 카피 같은 문장이 필요하다. 사실 이런 문장이 한 번에 떠오르면 좋지만 그렇게 쉬운 일이 아니다. 제목을 좀 더 쉽게 만드는 방법이 없을까?

● **신문에서 기사 뽑기**

매일 보는 신문에서 제목을 뽑아 활용할 수 있다. 신문 기사를 유심히 살펴보면 크고 굵은 글씨로 된 기사 제목이 있다. 아래에는 본문 내용이 나타난다. 자극적인 기사 제목에 비해 본문은 아주 평범한 경우도 많다. 기사문은 육하원칙에 따른 객관성이 필수이기 때문에 단조로운 내용이 많을 수밖에 없다.

여기서 기사의 제목을 유심히 살펴봐야 한다. 기사의 제목은 아주 자극적이고 매력적이기 때문이다. 신문의 기사 제목에서 이런 특징을 활용하면 매력적인 문장을 좀 더 쉽게 만들 수 있다.

술이부작(述而不作)이라는 말이 있다. 직역을 하면 "저술

한 것이지 창작한 것은 아니다."라는 뜻이지만, 이 말 속에는 하늘 아래 처음부터 새로운 것은 아무것도 없다는 의미가 담겨있다. 이처럼 모든 창조는 모방에서 시작한다. 모방을 활용해서 창조로 바꿀 수 있다. 그대로 따라 쓰는 것이 아니라, 취할 것만 취하고 나머지는 새롭게 변형하는 방법이다.

유사한 방법으로 스마트폰을 이용하는 방법이 있다. 포

털에서 제공하는 뉴스에서도 제목을 뽑을 수 있다. 스마트폰은 종이 신문이나 모니터에 비해 보여줄 수 있는 화면이 상대적으로 작기 때문에 모바일로 최적화된 뉴스는 짧은 제목 위주로 노출되며, 문장이 더 자극적이다. 어쩌면 종이 신문보다 제목 뽑기가 더 수월할 수 있다.

● **책에서 제목 뽑기**

여러 분야의 책을 살피는 것도 제목 뽑을 때 유리하다. 여기서 주의할 것이 하나 있다. 자기가 쓰려는 분야의 책은 피하는 것이 좋다. 비슷한 제목이 나올 수 있기 때문이다. 일반적으로 베스트셀러나 자기계발서가 제목 뽑기에 편리하다.

● **신문 기사를 뽑아 제목으로 변형하는 예시**

신문 기사를 가지고 제목으로 변형해 보겠다.

① 신문에서 굵은 기사 제목을 찾아본다. (또는 스마트폰 포

털 뉴스)
② 쓸 만한 제목을 뽑아낸다.
③ 주제에 맞게 변형한다.

먼저 일간지를 보고 다음과 같이 5개의 제목을 찾아냈다.

① 홍콩 H지수 ELS가 보여주는 한국 금융의 실력
② 경기미인데 왜 맛없지? … 품종 확인했나요?
③ "같은 당근도 매주 맛이 달라요" '한국 요리의 스티브 잡스' 기대
④ "힘들고 외로운 싸움, 이겼다!" 다시 웃은 상화
⑤ 지휘자는 억울하다

-중앙일보 2016년 2월 15일 자-

여러 가지 주제를 선택해서 다양한 용도로 바꿔보았다.

① 홍콩 H지수 ELS가 보여주는 한국 금융의 실력
⇒ 하루 10분 독서가 보여주는 사오정의 변신

위기의 사십 대를 위한 독서법 책의 제목으로 만들었다. 자기계발이 필요한 사십 대에게 짧지만 강력한 독서

의 효과를 호소하는 문장이다.

② 경기미인데 왜 맛없지? … 품종 확인했나요?
⇒ 똑같이 키웠는데, 왜 서로 다를까? : 자식농사

원래 문장에서 필요한 몇 단어를 추가하고 느낌만 가져와서 사용했다. 자식 교육에 대한 얘기를 쓸 때, 책 제목보다 꼭지 제목으로 적합하다.

③ "같은 당근도 매주 맛이 달라요" '한국 요리의 스티브 잡스' 기대
⇒ 나이에 따라 사는 맛이 달라요 : 10대, 20대, 30대의 삶!

어린 시절 가난을 겪은 사람이 작은 성공을 이뤄낸 뒤 쓸 수 있는 제목이다. 문장의 주체를 바꾸고 맛이라는 공통점을 활용했다.

④ "힘들고 외로운 싸움, 이겼다!" 다시 웃은 상화
⇒ "힘들고 외로운 싸움, 씨앗으로 이겼다." 말기 암을 이겨낸 사람들

건강에 관한 주제에 적합하다. 병을 극복한 경험이 있다면 이런 제목을 사용할 수 있다. 기본 문장에 주제어를 삽입하는 방법을 사용했고, 책에서 다룰 전체적인 내용을 제목에서 미리 알려주었다.

⑤ 지휘자는 억울하다
⇒ 아빠는 억울하다

가정에서 소외당하고 있는 아버지에 대한 주제에 적합하다. 짧지만 강력한 메시지를 가진 문장이다. 이런 문장은 스스로 힘을 가졌다. 스스로 억울하다고 생각되는 독자는 이 글을 보면서 위로받고 싶은 마음이 들 것이다.

이런 방법으로 제목을 만들 수 있다. '혹시, 표절에 걸리는 게 아냐?'라는 생각을 할 수 있다. 미리 말하지만, 이것은 표절이 아니다. 표절의 정확한 의미는 '다른 사람의 저작물의 일부 또는 전부를 몰래 따다 쓰는 행위'를 말한다. 문학의 경우 문장이 아닌 모티브나 흐름만 비슷해도 표절로 본다. 하지만 짧은 제목에서 몇 문장 인용해서 변형하는 것은 표절이 될 수 없다. 짧은 몇 단어를 보고 이것이 표절이다 아니다 판단하는 것이 불가능하기 때문이다.(표절에 대한 설명은 필자의 개인적 의견임을 미리 밝힌다.)

 이렇게 만든 제목은 책등과 책 앞 표지에 들어간다. 장 제목은 장마다, 꼭지 제목은 매 꼭지마다 들어간다. 책 한 권을 쓸 때, 상당히 많은 제목이 필요하다. 제목을 결정하는 것은 생각보다 쉽지 않은 작업이다. 책·강연 제목을 결정할 때도 가장 고심하는 부분이다.

 이런 점을 고려한다면, 책을 읽을 때마다 제목이 될 만한 문장을 찾고 보관해야 한다. 이것은 짧은 시간에 해결할 수 있는 간단한 작업이 아니다. 시간이 날 때마다 여러 분야를 골고루 읽으며 준비해야 한다.

 맛있는 미끼를 끼워야 큰 고기가 덥석 물 듯이 독자는 끌리는 제목을 보고 책을 집어 든다. 강연, 공연, 드라마도 다르지 않다.

● 제목 뽑기 예시 ●

- 꿈에게 기회를 주지 않는다면 꿈도 당신에게 기회를 주지 않는다.
- 진정으로 성공하면 당신이 하는 모든 말은 진리가 된다.
- 가난보다 무서운 것은 꿈이 없는 삶입니다. 꿈은 미래의 희망이기 때문입니다.
- 주먹만한 심장이 세상을 움직인다.
- 생동감 넘치는 비유 하나가 만 마디 말보다 낫다.
- 혀끝의 예리함은 통찰력에서 나온다.
- 너무 많은 목표는 하나도 없는 것과 같다. 다 잡으려고 하지 마라!
- 작은 성공의 맛을 자주 보아라. 그래야 큰 성공도 맛볼 줄 안다.
- 세상에 공짜 점심은 없고 신은 언제나 공평하다.
- 남에게 없는 것을 팔고, 남에게 있는 것은 더 좋은 것을 팔고, 남에게 좋은 것이 있다면 특별한 것을 팔아라.
- 고객이 무너지면 봄날의 태양도 없다.
- 두려움에 빠진 기업은 '추위'가 아니라 '심장마비'로 죽는다.
- 실패의 순간을 더 많이 상상하라!
- 세상이 불공평하다는 걸 인정하고 시작하라!
- 구름 낀 하늘은 영원하지 않다. 한차례 비가 지나간 후 하늘은 다시 맑아진다.

- 세상을 바꾸려 하지 말고 자기 자신을 바꿔라!
- 위기 앞에서 자신감은 황금이나 현금보다 더 중요하다.
- 가장 큰 실패는 포기하는 것이다.
- 가장 무서운 적은 나약한 신념이다.
- 어리석은 새가 더 멀리 난다.
- 의심하지 않는 것이 더 위험하다.
- 성공은 배울 수 있어도 복제할 수 없다.
- 당신이 성공하지 못하는 이유는 너무 부지런하기 때문이다.
- 상대를 포용할 수 없다면 반드시 패하게 된다.
- 더욱 발전하려면 반드시 경쟁상대가 필요합니다.
- 비행기 엔진을 트랙터에 끼우지 마라.
- 인재를 모으는 일은 재산을 모으는 것과 같다.
- 실패 경험이 진정한 '부자'를 만든다.
- 비바람을 겪지 않고 무지개를 볼 수 없다.
- 기적은 절망으로부터 온다.
- 세상은 변하지 않는다. 우리가 변한다.

인용도서 : 마윈처럼 생각하라 (쟝사오헝 / 갈대상자)

[읽기] [수집] [설계]

짜깁기가 진짜 실력이다!

 이번 글은 진짜 짜깁기로 구성해보았다. 김정운 교수의 <에디톨러지[1]> 5장에서 7장까지의 내용을 짜깁기해서 원본과 다른 색깔로 만들어 보았다. 이 글과 김정운 교수의 책을 비교해 보고, 어떤 부분을 가져와 어떻게 재해석·재구성했는지 살펴보아도 좋다.

 에디톨러지, 이 단어 자체가 편집을 의미한다. 김정운 교수는 <에디톨러지>에서 편집 가능성이 있어야 좋은 지식이라고 얘기했다. 시작부터 남의 책을 짜깁기 하겠다는 얘기는 <에디톨러지>가 좋은 지식이라는 것을 증명하는 결과이기도 하다. 게다가 <에디톨러지>를 제대로 읽고 실천했다는 어설픈 핑계도 슬쩍 둘러댈 수 있다.
 <에디톨러지>를 읽어 보면, 많은 곳에서 좋은 지식이 무엇인지 설명하고 강조했다.

---

1 에디톨러지 / 김정운 / 21세기북스

정보화 물결이 밀어닥치기 전까지 계층적 지식이 주류를 이루었지만, IT 혁명이 일어나면서 네트워크적 지식이 세상을 장악했다. 그렇다고 계층적 지식이 사라졌다는 의미가 아니다. 계층적 지식은 그대로 자리를 지키지만, 네트워크형 지식이 폭발적으로 늘어나 상대적으로 줄어든 것처럼 보인다는 얘기이다.

계층적 지식은 트리(tree)식 구조로 이뤄졌고, 한 눈에 봐도 아주 체계적임을 알 수 있다. 우리가 지금까지 학교에서 배웠던 대부분의 지식도 계층적 지식에 속한다. 또한 많은 분야의 학문이 계층적 구조로 이뤄졌다. 선뜻 이해가 어렵다면, 책장에서 아무 책이나 꺼내 목차를 열어보면 트리식 구조가 어떤 것임을 단번에 파악할 수 있다. 바로 앞에 성경이 있어 펼쳐보았다. 성경 역시 계층적 구조로 이뤄졌다.

    1. 성경
      1.1 신약성경
        1.1.1 마태복음
        1.1.2. 마가복음
          :

1.2. 구약성경
　1.2.1. 창세기
　1.2.2. 출애굽기
　　　　：

　계층적 지식으로 대표되는 백과사전도 21세기 정보화 물결이 밀려오면서 위키피디아, 네이버, 구글 같은 네트워크형 지식에 힘없이 무너졌다.

　물론 네트워크형 지식도 단점이 없는 것은 아니다. 너무 많아서 뭐가 있는지조차 알 수 없다는 것과 가짜 정보가 너무 많다는 치명적 단점 때문에 검색의 기술이 절실하게 요구된다.

　'검색'은 간단한 입력으로 원하는 지식을 찾을 수 있는 기능이다. 하지만 관련 단어를 알지 못하면 쉽게 검색할 수 없다. 또한 검색으로 끝나면, 이런 지식은 아무런 소용이 없다. 필요한 지식을 잘 보관해야 제대로 활용할 수 있다.

　여기서 '보관'이라는 말이 왜 나왔을까?

　<에디톨러지>에서 김정운 교수는 산재된 지식일수록

편집이 실력이 된다고 강조했다. 요리를 하려면 재료가 있어야 하듯, 편집을 하려면 보관 자료가 있어야 한다. 이것을 짜깁기 하여 새로운 지적 정보를 만들어 내는 것이 바로 '실력'이라는 뜻이다.

우리 주변에도 이런 실력자가 꽤 있다. 누구도 도올 김용옥, 이어령에게 표절을 잘하는 사람, 짜깁기의 달인이라 부르지 않는다.

이 두 사람의 강연을 분석해 보면, 기존 지식의 틀에서 벗어나지 않지만, 늘 새롭고 신선하게 다가온다. 비법은 마술 같은 편집 능력에 있다. 도올 김용옥은 동양철학과 서양철학을 섞어 자신의 의견을 담아냈고, 이어령 역시 기존 정보(계층적 지식)를 분석해 새로운 해석으로 표현했을 뿐이다. <축소지향의 일본인>, <디지로그> 같은 책을 보면 쉽게 이해할 수 있을 것이다.

이런 부류를 많은 사람이 부러워하는 이유는 따라하고 싶지만 도저히 흉내 낼 수 없는 편집 실력 때문이 아닐까?

김정운 교수는 '편집이 실패하는 근본적 이유'를 우리 교육의 현실 문제로 지적했다.

독일 학생은 공부를 하면서 노트가 아닌 카드에 필기한

다. 정리가 끝나면 카드를 박스에 보관한다. 논문을 쓸 때도 독일 학생은 박스에서 카드를 꺼내 자신의 생각에 따라 순서를 다시 정하고, 다른 박스에서 카드를 가져와 추가하기도 한다. 이것이 바로 편집이다. 물론 편집이 끝나면 자기 생각을 보충한다.

반면 한국 학생은 공부하면서 노트에 적고 외우기에 집중한다. 이것이 끝이다.

두 나라 학생의 공부 차이는 어디에서 벌어질까? 바로 생각의 힘에서 큰 차이가 발생한다. 독일 학생은 남의 지식을 공부했지만, 자기 주관적 판단에 따라 재구성하며 자기 지식을 만들어 낸다. 하지만 한국 학생은 남의 지식을 정리없이 주입식 암기로 끝낸다. 독일 학생의 공부 방법은 앞에서 언급한 도올 김용옥과 이어령의 편집 방식과 크게 다르지 않다.

편집은 앞에 있는 것을 뒤로 옮기는 단순 이동이 아니다. 음악을 작곡할 때, 작곡가는 7음을 사용한다. 7음 중 하나를 선택해서 다른 음과 결합시키지만, 음악가는 이 행위를 '작곡'이라고 칭한다. 새 곡이 나와도 기존의 틀

(7음)에서 벗어나지 않는다. 하지만 모두 새롭다고 얘기한다. 이것이 바로 제대로 된 편집의 사례이다. 참신한 편집을 하려면, 항상 깨어 있어야 한다. 모든 것을 의심하고, 해체하고, 재구성해야 자기만의 지식을 만들어 낼 수 있다.

 공부를 잘하기 위해, 새로운 콘텐츠를 만들기 위해 독일 학생의 공부 방식을 따라해 보면 어떨까? 카드를 보관하고, 카드를 다시 꺼내 재편집한 뒤, 자기 생각에 따라 재해석하는 방식. 이것은 공부의 본질에 충실한 방법이다. 하지만 이 방법은 한국인의 정서에 맞지 않다. 지금까지 평생 써왔던 노트를 버리고 새로운 방법으로 바꾸는 게 결코 쉽지 않다. 그러면 어쩌란 말인가?
 눈치 빠른 독자라면 이미 예상했겠지만, 카드 대신 바인더에 보관하는 방법을 추천한다. 독일 학생처럼 카드를 직접 써보기도 했지만, 종이가 너무 작아 쓰기 불편했다. 게다가 검색해서 찾은 자료를 카드에 다시 적는 것은 시간도 많이 걸렸다. 바인더가 카드 박스이고, 바인더에 꽂는 종이(코넬 노트)가 카드라 생각하면 모든 문제는 간단히 해결된다. 인터넷에서 찾은 자료 중에서 필요한 것만 발췌하고 출력하여 자료를 수집한다. 책도 정리해서 노트에 담아둔다. 이것을 바인더에 꽂으면 보관하기도 편리하다. 편집 역시 동일하다. 바인더를 펼쳐 출력한 종이를 넓은 책상에 펼쳐놓고 자기 생각에 따라 순서를 옮기고 필요없는 것은 버리면서 1차 편집을 끝낸다. 이것을 다른 바인더에 담으면 전혀 다른 정보로 바뀐다. 구성이 바뀌면 형태도 달라지기 때문이다. 여기에 자기 생각을 추가해서 적으면 자기만의 지식을 완성할 수 있다. 독일 학생의 공부 방법과 비슷하지만 훨씬 더 업그레이드된 방법이라 생각한다.

 이렇게 공부하는 것이 과연 짜깁기일까? 지금까지 천재라 여겼던 학자의 결과물이 대부분 이런 원리에서 출발했다.
 편집과 표절은 얼핏 보면 형태가 비슷하다. 하지만 사색이라는 단어가 둘 사이를 엄청나게 벌려놓았다.
이제 짜깁기가 실력이라는 말에 동의하는가?

> 수집

바인더를 지식생태계의 전략 무기로 활용하라!

다이어리를 쓰는 사람이 주변에 많다. 매시간마다 3색 펜으로 일정을 꼼꼼히 기록한다. 스케줄러는 일정관리에 많은 도움을 주기 때문이다.(바인더로 제작된 여러 다이어리 제품이 있다. 이 중에서 A5 형태, 20공으로 타공된 다이어리로 특정했다.)

혹시 당신도 스케줄러를 쓰는가? 아니면 앞으로 쓸 계획이 있는가?

● **스케줄러**

스케줄러를 제대로 쓰려면 잡다한 것까지 모두 적어야 한다. 식사, 약 먹기, 강아지 데리고 산책하기……. 매시간 습관적으로 스케줄러를 펼쳐야 일정을 놓치지 않고 관리할 수 있다. 만약 대외적인 행사나 미팅 같은 중요한 일정만 기록한다면, 스케줄러 펼칠 기회가 줄어들기 때문에 일정을 놓칠 수 있다. 이런 단점을 극복하려면 잡다한 일정까지 모두 적어야 하며, 그만큼 시간이 늘어나는 것을 감수해야 한다. 새 일정을 기록하고, 행사를 변경하고 수정하는 일을 반복하면 적어도 하루 30분 이상을 써야한다.

대부분의 일과를 분석해보면 중요한 일정은 20%가 넘지 않는다. 중요하지 않은 일정까지 기록하는 데 나머지 시간을 허비할 필요가 없다. 이런 불합리함을 벗어나려면 스마트폰 속의 스케줄러가 가장 적합하다. 간단한 일정은 물론 일 년 뒤 약속까지 계획할 수 있고, 정확한 시간을 잊지 않고 알려준다.

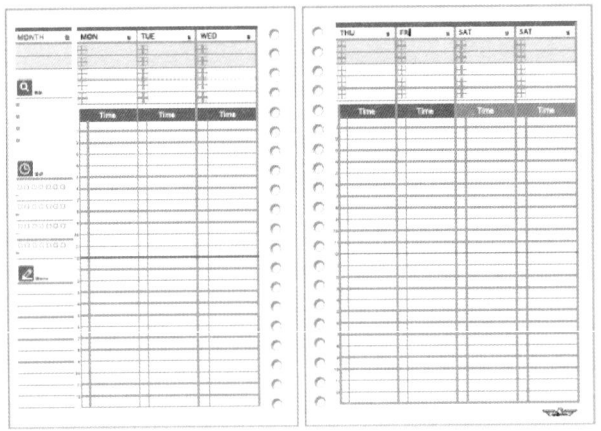

〈24H Weekly Planner〉

● **프리노트**

다이어리가 필요할 때도 있다. 누군가를 만날 때, 중요한 얘기는 기록할 필요가 있기 때문이다. 스케줄러 대신 백지와 빈 노트를 채워두면, 중요한 사항, 아이디어, 메모, 생각 등을 수시로 적을 수 있다.

 이것을 학생에게 적용시키면, 학교 생활이 더 편해질 수 있다. 여러 수업을 듣게 되면, 과목별로 노트가 필요하다. 하지만 바인더(다이어리) 하나에 빈 노트를 채워 놓으면, 이런 불편은 사라질 수 있다. 바인더 한 권에 수업 전부를 기록한 뒤, 집에 가서 각 수업별로 필기를 옮겨둘 수 있다. 바인더는 종이를 넣고 빼기가 아주 수월하기 때문이다. 이렇게 하면 가방도 훨씬 가벼워진다.

● **자료 수집**

 다이어리(바인더) 속에 답사 일정·자료 또는 사전 미팅에 필요한 자료를 만들어 끼워두면 업무에 도움이 된다. 물론 다른 자료도 넣을 수 있다. 바인더 형태의 다이어리는 모든 자료를 마음대로 편집·출력해서 넣을 수 있는 장점이 있기 때문에 다용도로 활용 가능하다.

 게다가 바인더에 비닐로 제작한 클리어 포켓을 꽂아두면, 수업시간에 나눠주는 보충교재를 넣을 수 있다. 직장인이라면 회사 팸플릿이나 상품 안내서 등을 넣어두면 편리하다.

클리어 포켓

● **교재 제작**

특히 바인더는 수업에 유용한 도구이다. 강의용 교재를 만들 때, 일반적으로 복사·제본 과정을 거친다. 물론 교재가 많을 때는 이런 방법이 더 효율적일 수 있다. 하지만 10명 내외의 강의를 위해 복사집에 맡기고 찾아오는 과정은 꽤 번거로울 수 있다. 이럴 때 바인더로 교재를 만들면 시간과 비용을 단축시킬 수 있다. (바인더 활용법은 <사냥기술 ⑤ - 바인더 기초활용(171P)을 참고)

바인더 교재는 수강생의 만족도가 높으며, 강좌 내용이 바뀔 때 즉시 수정이 가능한 장점이 있다. 복사·제본에 비해 비용 차이도 크게 나지 않는다.

● **원고 집필**

 교재 뿐 아니라 원고 집필에도 바인더를 이용할 수 있다. 책을 처음 쓰는 경우, 원고량을 가늠하지 못해 힘들어 하는 사람을 많이 보았다. 원고를 쓸 때, 처음부터 책 형태로 시작하면 분량 조절이 가능하다. 바인더 속 내용 그대로 책이 되기 때문이다.

 일반적인 단행본과 비슷하게 작업하려면 A5 용지(일반적 책사이즈인 신국판보다 10㎜ 작다.)로 문서 용지를 선택하여 원고를 작성하면 좋다.(한글 워드 기준으로 줄 간격 200%, 명조체 10 포인트가 일반적이다.)

 바인더의 여러 가지 사용법에 대해 살펴보았다. 스케줄러, 프리노트, 자료 수집, 교재 제작, 원고 집필 등 다양한 용도로 사용할 수 있다.

 이렇게 사용하다 보면 바인더 숫자가 늘어난다. 앞에서서 얘기했듯 자료는 수집보다 분류·검색이 더 중요하다. 많은 바인더를 구분하기 위해 책등(세네카[1])을 반드시 사

---

1 책등은 책을 책꽂이에 꽂았을 때의 보이는 책 제목, 저자, 출판사명 등이 적혀있는 옆면 즉, 두께를 말한다. 일반적으로 '세네카'라 하는데, 일본어 '세나카(せなか:背中)'의 잘못된 표기이다.

용해야 한다.

바인더 바깥쪽에 제목을 끼울 수 있는 비닐 틈이 있다. 이 틈 속에 있는 책등(세네카)에 문서의 제목과 기타 정보를 표시할 수 있다. 책등을 용도별로 출력해서 사용하면, 자료·업무 구분을 좀 더 세밀하게 할 수 있다. 특히 바인더 숫자가 늘어나면 관리가 힘들어진다. 책등의 색상을 다양하게 만들면, 한 눈에 여러 바인더를 구분할 수 있다.

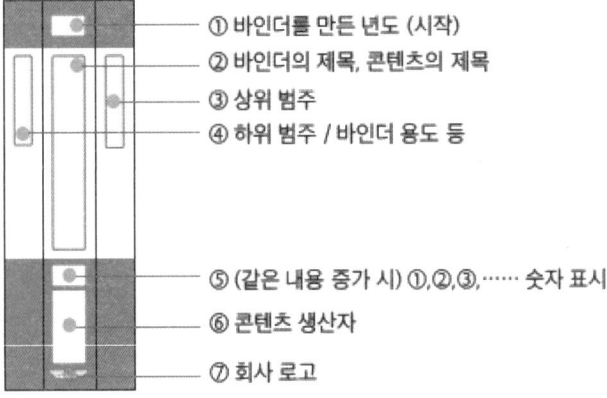

① 바인더를 만든 년도 (시작)
② 바인더의 제목, 콘텐츠의 제목
③ 상위 범주
④ 하위 범주 / 바인더 용도 등
⑤ (같은 내용 증가 시) ①,②,③,…… 숫자 표시
⑥ 콘텐츠 생산자
⑦ 회사 로고

다음 색상표처럼 책등을 여러 색으로 구분해 보았다. 필요에 따라 학습 과목, 업무별 공정 등으로 나눌 수 있다. 색상 역시 자기의 취향에 따라 정할 수 있다.

빨간색	현재 작업중 (중요한 자료)	**파란색**	회사 업무/ 비지니스
주황색	참고자료/ (자주 보는 자료)	**남 색**	완성된 교재
노란색	학습, 공부 정리	**보라색**	강연, 강의
초록색	아이디어 (자료 수집)	**회 색**	보관 자료 (자주 안 보는 자료 위주)

 오랜 기간 바인더를 사용하면서 많은 성과를 이뤄냈다고 자부한다. 앞에서 기술한 모든 내용이 지금까지도 유용하게 사용하는 방법이다. 바인더는 지식생태계에서 활용할 수 있는 여러 도구 중 최고라고 생각한다. 조금 과장된 얘기로 들릴 수 있겠지만, 지식의 생산·보관·활용면에서 이만한 도구를 아직까지 경험하지 못했다. 바인더를 활용하여 지식을 체계적으로 분류하고 나아가 콘텐츠로 성장하는 과정을 직접 경험해보길 기대한다.

> 수 집 · 설 계

김치냉장고는 두 대 있는데
아이디어 보관 창고가 하나도 없다고?

 매년 수백 명을 만나 책 쓰는 방법을 알려주지만, 모두 성공한 것은 아니다. 수치로 따져보면 성공률은 고작 10%도 되지 않았다.

 다양한 부류를 만났지만, 그중에서도 강사가 제일 많았다. 강사라는 직업 특성상 몸값을 올리고, 이름을 알리기 위해 저서가 필요했기 때문이다.

 코칭 했던 사람 중에서 성공한 집단을 분석했더니, 크게 두 부류로 나눌 수 있었다.

 첫 번째, 기본기는 물론 자기관리가 철저하고 인내심이 강한 사람이었다. 특별히 가르치지 않아도 언젠가는 스스로 책 쓰기에 성공할 수 있는 사람이었다. 코칭으로 인해 시간을 줄여준 경우이다.

 두 번째는 역량이 달리지만, 성실하게 따라준 부류이다. 코칭이 없었다면, 출간은 꿈도 꾸지 못했을 것이다.

오랜 기간 콘텐츠 제작 관련 일을 했고, 많은 사람에게 책 쓰기를 코칭 했다. 많은 성공과 실패를 지켜보며 다양한 사례를 분석했다. 이런 과정을 통해 얻은 체험적 지식을 모두에게 아낌없이 알려주었지만, 결실을 맺은 사람은 소수였다. 실패 원인은 어디에 있었을까?

● 아이디어를 찾으면, 일단 보관하자

누구나 좋은 아이디어를 찾을 수 있지만, 책까지 출판하는 경우는 확률적으로 희박하다. 좋은 아이디어 모두가 책이 되는 것은 아니기 때문이다.

작가는 평소에도 많은 아이디어를 수집한다. 하나를 골라 집필에 들어가기까지 오랜 시간이 걸린다. 사실 이 과정이 작가에게도 가장 힘든 시간이다. 다음 책이 나오는 기간이 길어지면, 집필의 압박이 가중되기 때문에 심리적으로 불안해진다. 이런 불안감을 해소하려면 아이디어 수집을 부지런히 해야 한다.

좋은 아이디어가 떠오르면, 흥분하며 자료 수집에 열을 올린다. 그렇게 하다보면 또 다른 아이디어가 떠오를 수 있고, 자기도 모르는 사이 관심은 다른 곳으로 슬쩍 이동한다. 여기서 문제는 이전에 찾아 둔 아이디어를 잊어버린다는 사실이다. 그래서 아이디어 보관이 중요하다.

 좋은 아이디어가 떠올랐을 때, 소위 말하는 '필 꽂힌 상태'가 된다. 이때 바인더를 만들어 책장에 꽂아두면 아이디어를 잊어버리지 않는다. 바인더는 제일 잘 보이는 곳에 꽂아 두는 게 좋다. 바인더 제목, 즉 아이디어 제목을 계속 보다보면, 아이디어가 늘어나도 쉽게 잊어버리지 않는다.

 바인더를 만들어 보관하고, 관련 자료를 수집하는 습관이 아이디어를 지킬 수 있는 비법이다.

 콘텐츠를 만들기 위한 자료 수집은 상당한 시간이 필요하다. 성급하게 자료를 수집하다보면, 남의 것을 가져오는 수준에서 끝날 수 있다. 참고 자료도 중요하지만, 이것을 자기 이론으로 만들기 위해서는 생각할 수 있는 시간이 필요하기 때문에 천천히 할 것을 권장한다.(최소 3개월 이상)

 이렇게 하다가 다른 아이디어가 떠오르면 새로운 바인더를 만들어야 한다. 이렇게 하지 않으면, 예전에 찾아둔 아이디어를 잊어버릴 수 있다. 그래서 바인더 만드는 것이 첫 번째라고 항상 강조한다. 새로운 아이디어도 중요하지만, 이미 찾아놓은 아이디어의 보관도 중요하다.

● **좋은 아이디어란 어떤 것일까?**

 콘텐츠 제작을 위해 나쁜 씨앗도 좋은 씨앗도 없다. 이것을 어떻게 키우는가에 따라 결과가 달라질 뿐이다.
 좋은 아이디어가 어떤 것이냐는 것에 대해 앞에서 이미 얘기했다. 간단히 설명하면 참신한 아이디어는 남이 다루지 않은 새로운 것을 말한다. 문학에서는 이것을 '낯설다'라고 표현한다.
 이런 아이디어를 찾았을 때, 쉽게 놓쳐버리는 두 가지 경우가 있다.

　① 좋은 아이디어 같지만, 경쟁이 치열한 분야라 쉽게 포기하는 경우이다.
　'독서법'같은 주제를 찾았다고 생각해보자. 인터넷 서점에 들어가서 독서법 책을 검색해보면, 수백 권 아니 수천 권이 화면에 나타난다. 이런 결과에 지레 겁먹을 필요는 없다. 많은 책이 나왔다는 것 자체가 넓은 시장이 존재하는 것을 의미하기 때문이다. 이런 사실을 증명하듯 독서법 책은 지금도 신간이 나온다.

 만약 '독서법'이란 주제로 책을 쓰고 싶다면, 기존에 나왔던 독서법이 아닌 특별한 독서법을 찾아 원고 집필에 들어가야 한다. 최근에 나오는 독서법 책을 분석해보면, 기존의 책과 어떤 차별성이 있는지 쉽게 찾아낼 수 있다. 이런 아이디어를 찾았을 때, 좀 더 구체적으로 접근해서 특별한 것을 만들어 내야 콘텐츠 개발에 성공한다.

② 많이 알려진 소재이기 때문에 포기하는 경우도 있다. 이런 소재를 찾았을 때, 대부분 "설마 이런 책은 이미 나왔겠지?"하며 넘어가는 경우가 많다.

 예를 든다면, '하회마을', '하회탈' 같은 소재이다. 하회마을은 유네스코가 지정한 세계문화유산이고, 하회탈은 국보이기 때문에 대한민국 사람이면 모두 안다고 생각하며 당연히 있을 거라 판단한다. 하지만 방심은 금물이다.

 이것도 인터넷 서점에서 찾아보았다. 예상과 달리 성인 대상 도서 두 권이 전부였다. 이런 경우 아동으로 대상을 바꿔 집필하면 출간에 성공할 수 있다. 알려진 소재일수록 빈틈을 찾는 지혜가 필요하다.

● 여러 쟁반을 동시에 돌려야 멋진 공연을 펼칠 수 있다

한국 사람의 특성상, 뭔가 일을 하면 끝까지 해야만 직성이 풀리는 경우가 많다. 책을 읽어도 처음부터 끝까지 읽어야 책을 읽었다고 생각한다. 등산을 해도 정상까지 올라야 산에 올라갔다고 말한다. 하지만 이것은 옳은 생각이 아니다. 필요한 것을 얻었다면, 그것만으로도 충분히 성취했기 때문이다.

특히 콘텐츠 개발 과정은 시간이 오래 걸리기 때문에 하나만 매달리면 실패 가능성이 높아진다. 흥미가 떨어지거나, 집중력이 떨어져 포기하는 경우가 많기 때문이다. 콘텐츠 개발은 여러 개를 동시에, 작게 쪼개서 병행하는 것이 효과적이다.

이렇게 하면 항상 새로운 기분이 들고, 집중력 있게 콘텐츠를 만들 수 있다. 또한 자료 수집이 안 되는 항목은 쉽게 버릴 수 있다.

예전에 고정욱 작가를 만나 집필 수첩을 들여다 보고 깜짝 놀란 적이 있다. 20권 정도의 책 집필 작업을 동시에 하였다. 이게 가능할까?

A : 아이디어 기획
B : 원고 집필(진행율 20%)
C : 원고 계약
D : 퇴고
E : 1차 수정
:

두 눈으로 직접 보고도 믿지 못하는 상황이었다.

고정욱 작가는 매년마다 평균 10권의 책을 출간한다. 이런 결과를 내기 위해서는 이렇게 작업해야 가능하지 않겠는가?

그대로 따라하고 싶었지만, 선뜻 용기가 나지 않았다. 처음에는 두 세권을 동시에 진행했다. 조금 무리가 따랐지만, 불가능한 방법이 아니었다.

조금 산만한 듯 했지만, 시간이 갈수록 안정감 있게 동시 작업을 할 수 있었다. 특히 작업하는 동안 지루하지 않고, 집중력을 잃지 않아 도움이 되었다. 게다가 동시에 집필을 하겠다고 마음먹고 난 후부터 아이디어가 기하급수적으로 늘어났다는 사실이 놀라웠다.

이런 방법을 많은 사람에게 알려주었다. 물론 소재 찾기가 끝나면 원고 쓰는 방법에 대해서도 말해주었다. 하지만 요리하는 방법을 알아도, 재료가 없으면 아무 음식도 만들 수 없다. 좋은 아이디어가 있어야 집필을 시작할 수 있기 때문이다.

기회가 생길 때마다 아이디어 수집을 부지런히 해야 한다. 미래의 풍요로운 수확을 위해 많은 씨앗을 뿌려야 한다. 이렇게 뿌린 아이디어의 씨앗은 시간이 지날수록 쑥쑥 자라 언젠가는 풍요로운 결실로 돌아올 것이다.

바인더를 문구로 보면 안 된다. 이것은 당신의 아이디어를 보관하고 자라게 해 줄 텃밭이라는 것을 명심해야 콘텐츠 개발에 성공할 수 있다.

필기 수집

천재의 노트 필기법을 활용하라!

 많은 사람이 노트를 적는다. 하지만 노트 필기로 효과를 본 사람은 많지 않다. 게다가 자신이 적은 노트를 자주 보는 사람은 소수에 불과하다.
 많은 업적을 남긴 천재들을 살펴보면, 공통점 하나를 발견할 수 있다. 노트 사용을 특별하게 했다는 사실이다. 칸트, 아인슈타인, 빈센트 반 고흐, 도스토예프스키, 마이클 페러데이 모두 특별한 노트 정리법으로 성공했다.

"이 사람들, 원래 천재여서 노트 필기를 잘 한 거 아닌가요?"

 이렇게 반문하는 사람도 있을 것이다. 하지만 좀 더 자세히 살펴보면, 특별한 노트 정리법이 탁월한 성과를 만들어 주었다는 것을 알 수 있다.
 여러 인물 중에서 칸트의 사례 하나를 소개하겠다.

 칸트는 비교적 늦은 나이에 쾨니히스베르크 대학의

논리학과 형이상학을 담당하는 정교수로 초빙되었다. 1770년, 칸트의 나이 46세였다. 가정교사로 생계를 꾸려 가던 칸트가 어떻게 대학의 교수로 발탁될 수 있었을까?

평소 칸트는 자신이 연구한 학문을 노트에 정리했고, 이 노트를 계속 수정·보완 해 나가면서 자신의 지식을 계속 성장시켰다. 이게 전부다.

어떻게 노트를 수정·보완 했을까?

칸트는 노트를 만들 때, 사이마다 백색 용지를 넣어 제본했다. 노트의 줄 간격을 아주 넓게 했고, 좌우 가장자리도 많이 비워두었다. 칸트는 1차적으로 줄에 맞춰 필기를 했지만, 다시 볼 때 빈 여백과 백지에 자기 생각과 보충자료를 적어 넣었다. 이렇게 몇 단계를 거쳐 노트가 완성되었다.

처음에는 남의 이론을 요약한 정리에 불과했지만, 시간이 흐를수록 자기 생각과 다른 이론을 보충하면서 자기만의 독특한 결과물을 만들어 냈다. 결국 단순 노트 정리가 아닌 독자적 지식의 완성으로 발전시켰다. 이것이 바로 진정한 공부이자, 어떤 분야이든 최고의 학문적 권위자가 되는 방법이다.

칸트의 노트 정리법을 분석해보면, 제본을 해서 진짜 책처럼 사용했다는 점과 빈 여백을 활용해서 보충 자료와 생각을 넣었다는 점이 학습 효과를 극대화시킨 요인이었다.

지금은 21세기이다. 책과 종이뿐 아니라 지식·정보까지 넘쳐나는 세상이 되었다. 하지만 공부의 원리는 크게 바뀌지 않았다. 칸트처럼 노트를 사용해도 좋지만, 21세기에 맞게 좀 더 업그레이드 된 방법을 소개하겠다. 바로 노트 대신 바인더 사용하는 방법이다.

〈이글바인더520B · A5, 20공〉

칸트의 노트를 바인더라고 생각해보자. 바인더는 칸트의 노트처럼 제본할 필요가 없다. 링을 벌리면 언제든 필요한 용지를 끼워 넣고 뺄 수 있다. 이렇게 노트를 만들고 자료를 채워 넣으면 된다. 어느 정도 자료가 채워졌을 때, 내용을 확인하면서 다시 검토하는 과정을 거쳐 수정·보완해 나가면 된다. 최종 편집은 컴퓨터를 사용하면 쉽게 해결할 수 있다. 칸트가 사용했던 정리 방법과 같은 원리이다. 하지만 바인더는 칸트 노트보다 더 효율적이고 편리하다.

 만약 노트에 오류가 난 부분이 있다면, × 표시로 지우고, 추가할 내용은 빈 여백을 찾아 적고, 여백이 부족하면 메모지에 써서 붙여야 하는 번거로움이 발생한다. 게다가 노트가 지저분해지는 치명적 단점도 있다.

 바인더는 자료의 추가, 업데이트, 삭제, 이동이 수월하다. 오류난 부분은 새 종이에 다시 쓰고, 여백이 부족하면 새 용지를 끼우면 간단히 해결된다. 게다가 요즘은 디지털 시대가 아닌가? 컴퓨터와 프린터를 활용하면 깔끔한 문서를 만들 수 있다. 필기 내용을 워드로 입력하고, 출력물을 바인더에 끼운다. 수정·보완 내용은 예전 종이와 바꿔 끼우면 간단히 해결된다. 이때 바인더는 A5, 20공을 추천한다. 하필이면 왜 A5, 20공 바인더인가?

여기서 A5는 용지 사이즈, 20공은 종이를 고정하는 바인더 속 링의 개수를 말한다. 왜 많은 바인더 중에 이런 사양을 고집하는 걸까? 바로 지식 관리의 효율성과 성과적 측면 때문이다.

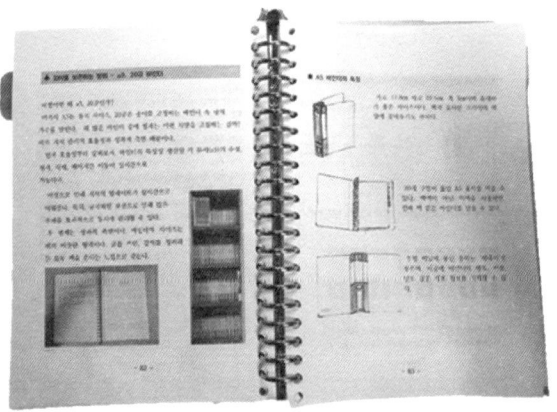

〈이글바인더520B - A5, 20공〉

먼저 효율성부터 살펴보자. 바인더를 사용하면 문서의 수정, 첨삭, 페이지 간 이동이 가능하다. 이것은 지식의 업데이트와 편집을 의미한다.

두 번째는 성과적 측면이다. A5 용지 사이즈는 210㎜ × 148㎜로 일반적인 책과 비슷한 형태이다. 노트 필기를 하더라도 책을 쓴다는 느낌을 갖게 한다. 특히 20공바인더는 3공·6공 바인더와 달리 종이가 잘 찢어지지 않기 때문에 보관이 편리하다.

마지막으로 바인더는 지식의 대량 생산에 탁월하다. 규격화된 보관 방법으로 인해 많은 주제를 동시에 효과적으로 관리할 수 있다.

바인더는 책등이 위치한 곳에 제목을 끼워 넣는 틈이 있다. 관심 있는 주제를 바인더 제목으로 정한 뒤, 출력해서 끼우면 책 제목처럼 보인다. 책장에 꽂아두면 관심 있는 주제를 잊지 않고 지속적으로 관리할 수 있다.

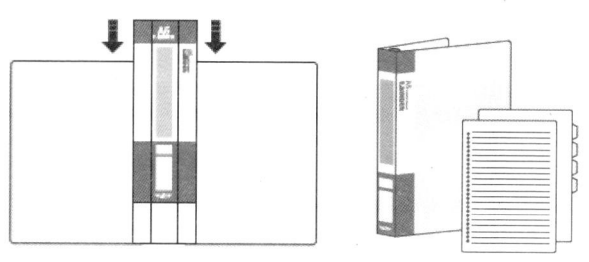

이 방법은 기존 노트의 한계, 즉 자료의 추가, 업데이트, 삭제를 쉽게 할 수 있도록 도와준다. 문서의 이동이 가능하기 때문에 편집·구성도 아주 쉽게 할 수 있다. 또한 책과 유사한 형태이기 때문에 휴대가 편리하다. 장소에 구애받지 않고 어디서나 사용할 수 있는 장점이 있다.

 바인더는 자료의 보관을 뛰어넘어 지식의 수정·편집까지 가능한 지식관리의 도구라는 장점을 적절히 활용해서 많은 자료를 효과적으로 관리하기 바란다.

 바인더를 활용해서 노트를 정리하는 방법, 이것은 과거 천재들의 노트 필기법보다 한 단계 업그레이드된 방법이라는 것을 확신한다.

사냥 기술 ⑤ 바인더 기초 활용법

바인더로 만든 교재를 처음 보면, 모두 눈이 휘둥그레진다.

"이거 정말 책 같아요."

"정말 편리하네요."

 대부분 이런 반응을 보이며 신기해 한다. 하지만 직접 만들어 보면, 하나 둘 불만이 터져 나온다. A5 용지를 구하는 것부터 구멍 뚫기, 인쇄하기까지……, 어느 것 하나도 쉬운 게 없다고 말한다.

 모든 게 그렇듯, 요령만 알면 누구나 쉽게 할 수 있다. 마지막 장인 <사냥 기술 ⑤ 바인더 기초 활용법>에서 바인더를 사용할 때, 꼭 알아야 할 기술 몇 가지를 소개했다. 처음부터 끝까지 꼼꼼히 읽어 보고, 딱 한 번만 제대로 연습해보자. 손에 익기만 하면 어떤 도구보다 더 유용하게 쓸 수 있는 게 바로 A5, 20공 바인더이다. 또한 시간이 흐를수록 바인더가 지식 생태계 환경을 만들어 주는 전략 도구라는 것을 충분히 느낄 수 있을 것이다.

A5용지에 구멍 20개 뚫기

A5 용지에 20개 구멍을 뚫어주는 타공기는 CARL사의 SP-30N을 기준으로 설명한다. 한 달에 바인더 5개 내외로 쓰는 사용자에게 적합한 타공기이다.

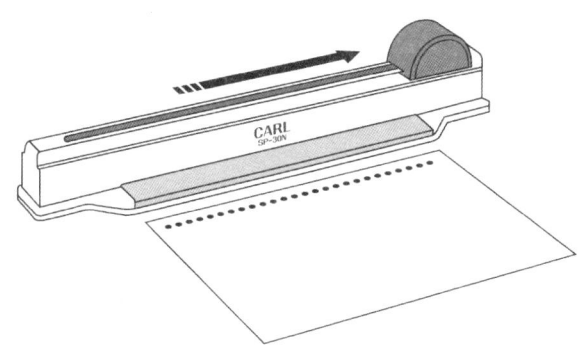

● **타공 연습**

처음 사용할 때, 이면지를 활용해서 미리 연습해 보는 것을 권장한다. 먼저 오른손으로 용지를 쥐고, 타공 되는 틈으로 꾹 밀어 넣는다. 왼쪽 손바닥에 힘을 주고 타공기에 달린 파란색 핸들을 아래에서 위쪽으로 쭉 밀어 준다. 몇 번 연습해 보면 쉽게 사용할 수 있다. 앉은 자세보다 일어나서 밀면 힘이 적게 들어간다.

● **실전 타공**

① A5 용지 5~7장 정도가 한 번에 타공할 수 있는 최대 양이다. 종이 평량(무게)에 따라 조금 차이가 있다. 75그램 용지는 7장 정도, 100그램 용지는 5장 정도가 적당하다. 지류 회사에 따라 조금 차이가 있으니 처음에는 조금 적게 넣는다. 무리하게 많이 넣는 경우, 타공기의 핸들 부분이 분리되는 경우가 가끔 있다.(고장이 아니며, 재조립 가능하다.) 오른손에 쥔 종이는 홀수 페이지가 하늘(위)을 보도록 쥔다.

② 타공기 바닥에 있는 재단 눈금을 보며 종이를 A5 표시 선까지 정확히 맞춘다.

③ 일어서서 왼손으로 타공기 윗부분(핸들)을 밀어야 한다. 요령은 아래에서 위로 힘차게, 한 번에 밀어야 깔끔하게 구멍이 뚫린다.

● A5, 20공 바인더의 규격

A5, 20공(또는 A4, 30공) 바인더는 일본공업규격 JIS 펀치홀 기준에 맞춰 제작되었다. 정확히 말해 JIS Z 8303 : 2008 Section 11이다. 홀 내경은 5.5mm, 타공 간격은 9.5mm이다. 100.5mm안에 11개의 구멍이 뚫려 있다.

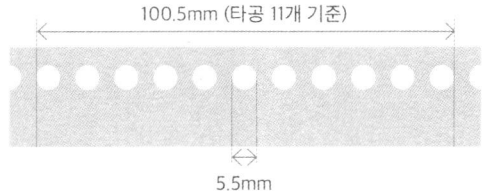

타공기 홀내경 5.5mm, 구멍간격 9.5mm

바인더 제목 만들기(책등 만들기)

바인더 바깥을 보면 제목이 들어가는 곳에 투명 비닐이 있다. 비닐 틈에 꽂힌 종이를 책등(세네카)이라 부르며, 이곳에 바인더의 제목, 이름, 년도 같은 세부 정보를 써 넣을 수 있다.

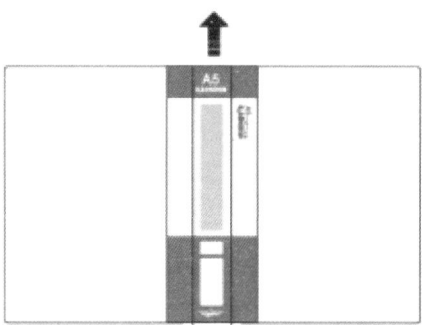

① 바인더 바깥 비닐 속에 끼워진 책등(세네카)을 빼낸다.
② 홈페이지(http://eagle5.co.kr)에 접속하여 <자료실 4번 게시물> 책등(세네카) 양식을 다운로드 받는다.

③ 다운받은 파워포인트 문서를 열어보면, 다음과 같은 양식 8개가 나타난다.

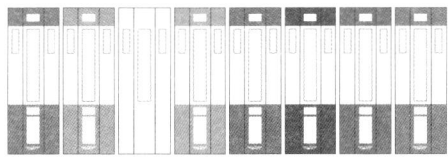

④ A4 한 장에 2개의 책등(세네카)을 만들 수 있도록 디자인되어 있다. 아래 그림 속에 번호 ①~⑥까지 항목을 자신에게 필요한 내용으로 수정한다.

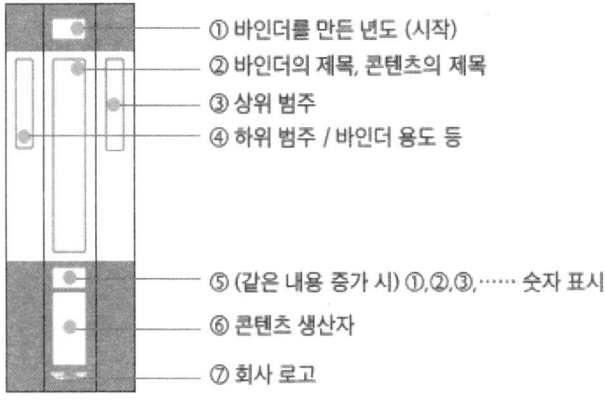

① 바인더를 만든 년도 (시작)
② 바인더의 제목, 콘텐츠의 제목
③ 상위 범주
④ 하위 범주 / 바인더 용도 등
⑤ (같은 내용 증가 시) ①,②,③,…… 숫자 표시
⑥ 콘텐츠 생산자
⑦ 회사 로고

⑤ 수정이 끝나면 완성된 문서를 출력한다. 인쇄 버튼을 클릭하면 메뉴가 나타난다. 여기서 <현재 슬라이드 인쇄>를 선택하고 인쇄한다.

⑥ 출력된 종이를 재단한다.(일반 복사지를 사용해도 되지만, 조금 두꺼운 종이를 권장한다.)

⑦ 세네카를 끼울 때 요령이 있다. 얇은 종이를 좁은

비닐 틈으로 끼우는 게 처음에는 쉽지 않을 수 있다. 바인더를 세워서 활짝 펼치고, 세네카 아랫부분을 양손으로 잡고 비닐 틈 사이로 밀어 넣는다. 양쪽에서 같은 힘으로 밀어 넣어야 아래쪽으로 쉽게 들어간다.

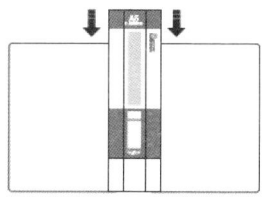

● 제목 색으로 바인더 구분하기

바인더 숫자가 늘어나면 구분이 쉽지 않다. 바인더를 사용해서 콘텐츠 생산, 집필, 강의 등을 할 때마다 숫자가 늘어난다. 색상을 정해두면, 멀리서도 자료의 종류를 단번에 구분할 수 있다.

빨간색	현재 작업중 (중요한 자료)	파란색	회사 업무/ 비지니스
주황색	참고자료/ (자주 보는 자료)	남 색	완성된 교재
노란색	학습. 공부 정리	보라색	강연. 강의
초록색	아이디어 (자료 수집)	회 색	보관 자료 (자주 안 보는 자료 위주)

인덱스 만들기

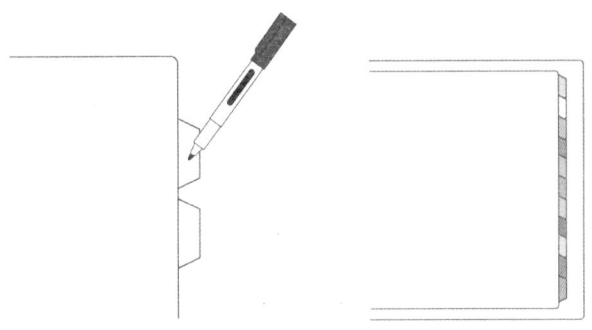

 인덱스를 사용하면 많은 내용을 쉽게 분류할 수 있다. 사전의 색인과 같은 역할을 한다. 인덱스 날개 부분에 가는 네임펜으로 용도에 맞게 제목을 적는다.
 손글씨가 번거롭다면, 라벨을 구입하여 인덱스를 만들 수 있다. (26x29.5mm 54칸 라벨스티커 호환)

속지 인쇄 방법(A5 양면 출력)

A5 용지를 미리 준비한다. A5 용지가 없다면 A4 용지를 반으로 잘라 준비한다.

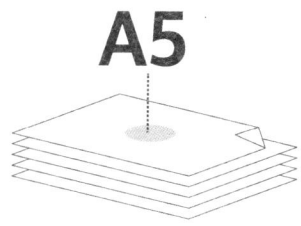

A5 용지에 양면 출력을 한다면 바인더를 가장 효율적으로 사용할 수 있다. 하지만 많은 사용자가 A5 용지에 양면 출력하는 것을 어려워한다. 일반적으로 A5, 양면 인쇄를 지원하는 프린터가 많지 않다. 여기서는 저성능 기준으로 출력 방법을 설명하겠다. (잉크젯, 단면 인쇄 지원, 한글 워드프로세서 기준) 고성능 프린터를 사용한다면 A5, 양면 자동 인쇄로 한 번에 출력할 수 있다.

① 한글 워드를 시작하면 새 문서(하얀 백지 공간)가 열린다. 여기서 단축키 F7을 클릭하면, <편집 용지> 설정 메뉴가 나타난다. A5 용지를 선택하고, 평소처럼 워드 작업을 한다. <편집 용지>에서 위쪽, 아래쪽, 왼쪽, 오른쪽 여백을 설정할 필요는 없다. 기본 세팅으로 출력해도 충분하다.

② 워드 작업이 끝났다면, 마지막 페이지가 홀수인지 짝수인지 먼저 체크한다. 양면 출력은 홀수가 존재하지 않는다. 종이 한 장은 항상 2페이지 단위(양면 : 앞뒤)로 끝나기 때문에 마지막 문서가 홀수로 끝나면, 여백을 늘려 마지막 페이지를 짝수로 만들어 준다.

③ 이제 출력 단계이다. 인쇄 단추를 클릭하면 메뉴가 나타난다. <기본>-<확장> 탭 매뉴에서 <확장> 메뉴를 선택하고, 맨 아래 <용지 선택>에서 먼저 짝수 쪽을 선택한다. 인쇄범위는 전체를 선택하고 인쇄 단추를 누른다.

④ 출력된 용지는 한쪽 면인 짝수 쪽만 모두 인쇄되어 있다. 물론 홀수 쪽을 먼저 출력해도 된다. 하지만 이렇게 하면, 반대쪽 출력이 끝나고 다시 정리를 해야 하는 번거로운 상황이 발생한다.(문서 페이지가 2,1,4,3,6,5,8,7…… 순서로 출력된다. 이해되지 않는다면, 홀수 쪽부터 먼저 출력해 보면 결과를 바로 확인할 수 있다.)

⑤ 출력된 용지를 뒤집어 넣는다. 잘못 뒤집어 넣으면 위, 아래가 바뀔 수 있다. 프린터 특성을 먼저 체크한 후, 제대로 넣어야 한다.(프린터 기종에 따라 출력 방향 앞 뒤가 뒤바뀔 수 있다.)

이번에는 <홀수>, <문서 전체>를 선택하고 인쇄한다. 이렇게 출력하면, 1페이지부터 마지막 페이지까지 순서대로 정렬된 문서를 만들 수 있다.

종이 상식

 비슷해 보이는 종이지만, 재료와 가공 방법에 따라 종이의 성질은 천차만별 달라진다. 또한 판형에 따라 규격 형식이 달라진다.

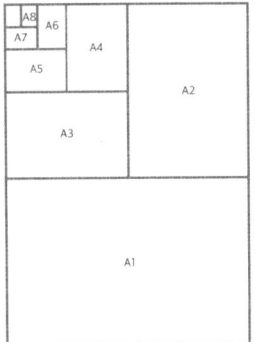

A열 용지 규격정보

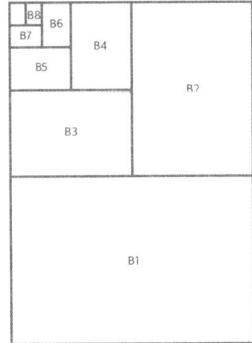

B열 용지 규격정보

● 종이 크기

 종이판형에 따라 자르는 과정을 몇 번 반복했는가에 따라 명칭이 정해진다. 일반적으로 규격에 따라 A판과 B

판으로 나눈다. A판은 국전지 또는 A전지라고도 하며, 637cm × 939cm이다. 흔히 사용하는 A3, A4, A5용지가 A판 계열이다. 일반적으로 국전지라 부른다.

B판은 4×6전지 또는 B전지라고 하며, 788cm × 1091cm이다. B4, B5, B6 용지가 있다. 일반적으로 4×6전지라 부른다

● **종이 무게**

종이무게 평량은 종이 1㎡ 당 무게를 말하며 단위는 g/㎡이다. 편의상 몇 그람(g)으로 말한다. 평량으로 종이를 구분할 수 있지만, 같은 80g 종이라도 가공방법과 재료에 따라 평활도, 불투명도, 광택 등이 다르다.

예를 들어 미색모조 80g/㎡은 '80 미색모조'라 부른다.

| 에필로그 |

 2004년 1월의 어느 겨울날, 병원 종사자 이십여 명 앞에서 내 인생 첫 강의를 하게 되었다.
 강의에 대한 열정도 남달랐지만, "나는 잘 할 수 있다!"는 굳은 의지를 한순간도 내려놓지 않고 강의 준비에 몰입했다. 할 수 있는 모든 것을 준비했고, 사비를 털어 선물까지 샀다.
 첫 강의를 무사히 끝냈다. 준비한 대로 아무 실수 없이 완벽하게 강의했다. 그날 저녁, 강의실 안에서 울려 퍼지던 박수와 수강생의 반짝거리던 눈빛은 지금도 잊을 수 없다. 그러나 기쁨과 행복의 순간은 딱 거기까지였다. 나에게 돌아온 평가는 냉정했다. 아니 인정할 수 없었다.

"시간이 너무 아까웠다."
"강의 핵심 내용이 뭔지 모르겠다."
"가장 기억에 남는 건 풍선 아트였다."

이런 비난의 화살이 돌아왔다. 당황했고, 배신감까지 밀려와 하염없이 눈물을 흘렸다. 모든 것을 받아들이고 인정하기에는 너무 억울했다. 눈물이 흘러내렸지만, 넋 놓고 가만히 있을 수 없었다. 강의를 할 수 있도록 도와주신 분의 얼굴이 눈앞에서 어른거렸다. 왜 그런 반응이 나왔는지, 이유를 알아야 했다. 마음을 가라앉히고 처음부터 하나씩 모든 것을 되짚어 보았다. 문제는 바로 나에게 있었다.

열정과 자신감만 있으면 못할 게 없다고 늘 생각했다. 이런 마음으로 완벽한 강의를 준비했지만, 돌이켜 보면 나를 위한 강의였다. 자만이 빚어낸 참사였다. 그리고 중요한 사실을 깨달았다. 자신이 하고 싶은 이야기가 아닌 그들이 듣고 싶은 이야기를 강의에 담지 못한 게 가장 큰 실수였다는 사실을……

지금까지 1,000여명이 넘는 강사를 배출했고, 수많은 강의 콘텐츠를 개발했다. 이런 까닭인지 몰라도 많은 강사 지망생이 강의 콘텐츠 개발에 대해 상담을 요청한다.

"매번 어떻게 강의 준비 하시나요?"
"새로운 콘텐츠 찾는 게 너무 힘들고 어려워요."

최선을 다해 얘기해줬지만, 그래도 뭔가 찜찜했다. 물고기가 아닌 물고기 잡는 법을 알려주면 더 좋았을 거라는 아쉬움 때문이었다. 이런 생각을 <지식콘텐츠, 독수리처럼 낚아채라!>에 담아보았다. 2019년, 독수리5형제가 모여 프로젝트를 진행했다. 실전을 통해 체득한 경험을 이 책에 넣었다.

<지식콘텐츠, 독수리처럼 낚아채라!>, 콘텐츠 개발이 필요한 사람에게 딱 맞는 책이다. 올바른 방향을 알려주고, 콘텐츠 수집의 노하우를 아낌없이 공개했다. 책이지만 멘토 역할을 충분히 할 것이라 믿는다.

지식콘텐츠 개발에 힘들어하는 모든 이에게 도움 되길 바라며…….

2020년 4월 어느 날,

독수리 5호 김윤해

자료 정리와 분류에 특화된 이글바인더 - 520B(A5전용, 20공)　430B(A4 전용, 30공)

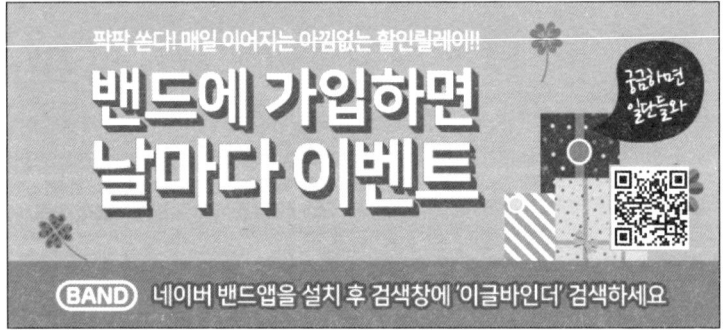

이글바인더 http://www.doumso.co.kr/

이글콘텐츠그룹 교육과정 소개

이글콘텐츠그룹은 실용적 지식콘텐츠 개발을 통해
모두가 함께 나누고, 즐겁게 성장하는 미래를 만들겠습니다.

● 이글바인더 마스터 과정(12 ~ 16H)

시간·지식·학습·기록 방법이 달라지면, 당신도 지식콘텐츠를 만들 수 있습니다.
콘텐츠 개발의 첫걸음! 이글바인더로 시작하면 성공할 수 있습니다.

바인더 기초교육	바인더를 통한 생활·습관·학습의 변화! 바인더의 입문과 활용(실습)	3 ~ 4H
시간 관리	시간 관리, 성과 관리 주간·월간 스케줄러 사용법	3 ~ 4H
기록관리	기록 관리와 목표 관리 개인 아카이브 구축 및 비전 플래너	3 ~ 4H
학습관리	독수리 독서법 (생산적 책 읽기) 노트 정리 기법 지식 아카이브 구축 및 기초 관리	3 ~ 4H

● 강의콘텐츠 개발 및 지식아카이브 교육(24H)

콘텐츠 개발기법
강의·개발에 필요한 콘텐츠
콘텐츠·강의 분석 기법
성공하는 콘텐츠의 속성 분석

정리·분류 기법
기억력을 높이고, 아이디어를
키우는 자료 보관법
보관 자료의 효율적 관리 기법

C B
M R

매핑·설계기법 mindmap
동영상 강의 / 도서 추출 기법
자료 설계 기술 / 강의 설계 기법
콘텐츠 역설계(분석)· 설계 실습

독수리 독서법 (개발자 과정)
집중력을 높이는 독서법
기억력을 강화시키는 학습법
인용 자료 추출·변형·활용 기법

강좌 일정 문의 : 주)리드교육컨설팅   T 053.252.5188
코칭·강의 문의 : H 010.5572.4700   E didicat@naver.com

讀修里 책을 읽고, 갈고 닦아, 이치를 깨닫는다!

인용·참고 자료

독수리! 클라우드리딩(독수리오형제/옛쩍), 생각을 넓혀주는 독서법(모티머 애들러 외/멘토), 잘되는 나를 만드는 최고의 습관(고다마 미쓰오/전나무 숲), 에디톨러지(김정운/21세기북스), 토론식 강의 기술(모티머 J. 애들러/멘토), 먼저 들어라(후쿠다 다케시/살림BIZ), 듣기 혁명(데구치 히카루/좋은 책 만들기), 파이데이아 제안(모티머 J. 애들러/멘토), 고정욱의 말하기 수업(고정욱/애플북스), 색깔의 수수께끼(서프라이즈정보/비채), 48분 기적의 독서법(김병완/마이다스북), 마윈처럼 생각하라(쟝샤오헝/갈대상자), 읽기의 힘(히가시야마 히로히사/모색), 트렌드코리아2020(김난도 외/미래의 창), 성경, 농민신문, 중앙일보

이글콘텐츠 총서 ① - 핵심정보 추출과 효율적 정리기술

지식콘텐츠, 독수리처럼 낚아채라!

발 행 일 | 2020.4.10.
초판인쇄 | 2020.4.10.
저　　자 | 김재혁, 이계선, 박경숙, 정종영, 김윤해
발 행 인 | 강남주
발 행 처 | 도서출판 부카플러스
주　　소 | 대구광역시 달서구 문화회관길165 대구출판산업지원센터 408호
전　　화 | 1577-1912 팩 스 | 053.639.1912
등록번호 | 제25100-2016-12호
디 자 인 | 세모인쇄
메　　일 | didicat@naver.com

가격 12,000원

친환경용지 〈전주페이퍼 그린라이트〉로 본문 인쇄를 하였습니다.